PROJETO CLIENTE

Uma metodologia simples para
AUMENTAR VENDAS,
surpreender e encantar clientes

PROJETO CLIENTE

Uma metodologia simples para
AUMENTAR VENDAS,
surpreender e encantar clientes

LUIZ MARINS

Direção Geral:	Julio E. Emöd
Supervisão Editorial:	Maria Pia Castiglia
Coordenação Editorial:	Grasiele L. Favatto Cortez
Revisão de Texto:	Estevan Vieira Lédo Jr.
Revisão de Provas:	Patricia Aguiar Gazza
	Marina de A. C. Damas Oliveira
Tratamento das Imagens:	Stella Ribas
Fotografia da Capa:	Gil Macedo – Rancho Terra
	Esperança – RN – Brasil
Imagens:	Jupiterimages
Capa:	GLFC
Impressão e Acabamento:	Cromosete Gráfica e Editora Ltda.

Dados Internacionais de Catalogação na Publicação (CIP)
(Câmara Brasileira do Livro, SP, Brasil)

Marins, Luiz
    Projeto cliente : uma metodologia simples para
aumentar vendas, surpreender e encantar
clientes / Luiz Marins. -- São Paulo : HARBRA,
2009.

    ISBN 978-85-294-0372-X

    1. Administração de vendas 2. Clientes -
Contato 3. Clientes - Satisfação 4. Desempenho
5. Vendas 6. Vendas e vendedores I. Título.

09-04622   CDD-658.85

Índices para catálogo sistemático:

1. Produtividade em vendas : Administração de marketing 658.85
2. Sucesso em vendas : Administração de marketing 658.85
3. Vendas e vendedores : Administração de marketing 658.85

PROJETO CLIENTE

**Uma metodologia simples para aumentar
vendas, surpreender e encantar clientes**

Copyright © 2009 por editora HARBRA ltda.
Rua Joaquim Távora, 779 – Vila Mariana – 04015-001 – São Paulo – SP
Promoção: (0.xx.11) 5084-2482 e 5571-1122. Fax: (0.xx.11) 5575-6876
Vendas: (0.xx.11) 5549-2244, 5571-0276 e 5084-2403. Fax: (0.xx.11) 5571-9777

Todos os direitos reservados. Nenhuma parte desta edição pode ser utilizada
ou reproduzida – em qualquer meio ou forma, seja mecânico ou eletrônico, fotocópia,
gravação etc. – nem apropriada ou estocada em sistema de banco de dados,
sem a expressa autorização da editora.

ISBN 978-85-294-0372-X

Impresso no Brasil   *Printed in Brazil*

Sumário

Agradecimentos — 7

Introdução: Os principais desafios de marketing
e vendas no século XXI — 9

O Projeto Cliente — 15

Para quais empresas devo fazer o Projeto Cliente? — 19

Um diagnóstico benfeito garante um projeto eficaz — 21

Objetivos e metas bem definidos garantem o foco — 25

Estratégia/metodologia: os passos do
sucesso em vendas — 27

Definindo os recursos de trabalho — 29

De onde vem o dinheiro? A importância da
definição clara das fontes de financiamento — 33

Sem avaliação, não há aprendizado. Avalie o
seu projeto em todos os seus passos — 35

Como vencer neste louco mercado competitivo — 37

Afinal, o que é vender, hoje? — 47

Vender, hoje, portanto, é mais cérebro
do que músculos — 53

O vendedor líder — 59

Vender é todo dia começar do zero: Como viver
motivado para vender? — 63

A arte de saber perguntar em vendas — 69

A arte de "fechar" vendas — 73

Afinal, de quem sou cliente? — 77

O vendedor externo, que sai à rua em busca
do cliente — 83

Socorro! Meus clientes só querem preço:
Como vencer a guerra do desconto e prazo? — 87

Todo o mundo é feliz, mas a empresa não vende! — 93

Problemas internos de nossa empresa podem fazer
uma grande diferença em nossas vendas ---------------- **99**

Como satisfazer clientes difíceis ------------------------ **105**

Vender não basta. É preciso fazer vendas sadias,
que gerem caixa --- **109**

Atendimento é tudo! Sorrir não basta! ---------------- **113**

Padrões claros e definidos evitam injustiças ---------- **121**

Dez exemplos de excelência no atendimento --------- **123**

Onze postulados básicos sobre administração,
marketing e vendas --- **131**

Os formulários para o Projeto Cliente ---------------- **137**

Agradecimentos

Embora muitos pensem que escrever seja uma tarefa solitária, essa é uma meia-verdade. São muitas as pessoas que, direta ou indiretamente, ajudam o escritor a compilar ideias, pesquisar, encontrar tempo, priorizar o escrever etc. Sem elas, a obra não existiria. Aqui vão meus agradecimentos a algumas das tantas pessoas que me ajudaram neste trabalho.

À Ana Cristina, esposa querida, pela paciência, compreensão, firmeza e irrestrito apoio a tudo que faço, orientando meus passos, sempre mostrando o caminho correto e chamando a atenção quando erro. Ana Cristina demonstra, o tempo todo, o sentido do verdadeiro amor e da total dedicação à família. Sem ela ao meu lado seria impossível viver com alegria.

Ao meu filho Caio Cruz Marins, administrador bem formado e com larga experiência no exterior, pelo apoio e interesse por esta obra e pelas opiniões sempre sensatas em relação a vendas e gestão de empresas em geral.

À Marcela Cavalca Ferreira Marins, nora querida, que me ajudou na transcrição de programas de televisão que fiz no passado e que puderam ser utilizados neste livro.

À Danielle Vieira de Lima, estagiária competente, que com paciência e denodo fez a transcrição laboriosa de mais de uma dezena de DVDs de meus programas de televisão e ofereceu sugestões relevantes para que este livro pudesse vir à luz.

À Márcia Sabeh, sempre pronta a colaborar, gerenciando e organizando as atividades de consultoria com muita lealdade e competência.

Aos nossos clientes, que sempre nos ensinam a errar menos e nos fazem estudar sem parar para atender a suas exigências cada vez mais complexas em um mundo extremamente competitivo.

A todos, a minha gratidão.

Luiz Marins

INTRODUÇÃO:
Os principais desafios de marketing e vendas no século XXI

NO MUNDO EM QUE vivemos, todas as pessoas precisam entender um pouco de marketing e vendas, uma vez que todos somos vendedores, dentro e fora das empresas – exercendo ou não uma profissão. Um filho quando pede a seus pais permissão para fazer uma viagem, por exemplo, está na verdade vendendo uma ideia. É claro, no entanto, que a importância do conhecimento sobre marketing e vendas se torna ainda maior quando se trata de vendedores, pois essa é sua profissão.

A importância de entender de marketing e vendas nos dias de hoje deve-se principalmente à globalização – uma das maiores mudanças das últimas décadas –, à facilidade de acesso à informação e, portanto, a produtos e serviços.

É fundamental, então, entender melhor as chamadas "Leis do Mercado", expostas muito bem no estudo do marketing, assim como as formas de vender uma ideia, um projeto, produto ou serviço.

Em primeiro lugar, é preciso compreender que a maior mudança dos últimos tempos foi que o poder migrou das mãos das empresas para as mãos dos clientes. Antes, as empresas tinham o poder e dominavam o mercado. Eram poucos concorrentes e a informação, deficiente. Hoje, são os clientes que têm o poder. Essa inversão "de mando" ocorreu por três motivos:

- o número de concorrentes aumentou muito;
- a qualidade dos produtos e serviços dos concorrentes está cada vez mais equivalente;
- os preços dos produtos e serviços entre os concorrentes são cada vez mais semelhantes.

Com essa mudança e a consciência dos consumidores de que existem muitas empresas que desejam tê-los como clientes, são eles que, de fato, têm o poder de optar e escolher de quem comprarão.

Como os produtos estão cada vez mais semelhantes e os preços similares, para conquistar clientes a empresa tem de se diferenciar de suas concorrentes.

Mas o que faz uma empresa ser diferente? A empresa diferente é aquela que estuda o mercado e seus clientes atuais e potenciais (*prospects*) e consegue se antecipar às necessidades e desejos desse mercado e de cada um de seus clientes.

Minha definição de marketing é "estar atento às tendências do mercado para identificar e produzir rapidamente aquilo que o consumidor quer".

Sem dúvida alguma, um dos fatores mais importantes para as empresas de sucesso é estarem atentas às tendências de mercado (que poderão influenciar direta ou indiretamente seu negócio) para definir seu posicionamento, os conceitos da embalagem, as estratégias de logística e distribuição etc. Dentre outros aspectos, é preciso refletir sobre:

- Quais serão as necessidades e expectativas dos consumidores daqui a cinco ou dez anos?
- Que respostas (em forma de produto ou serviço) sua empresa disponibilizará a esses consumidores?
- Quais mídias – tradicionais ou alternativas – serão utilizadas daqui a cinco ou dez anos?
- Quem serão os influenciadores na decisão de compra?
- Qual será o tamanho médio das famílias?
- Como será um dia típico de meus clientes?

Por meio de pesquisas, você será capaz de descobrir para onde o mercado vai e o que, por exemplo, uma família irá exigir de um automóvel daqui a um, dois ou cinco anos. É preciso ter conhecimento não só do que os seus clientes atuais desejam, mas também o que desejarão no futuro, estes e os novos clientes.

Sabendo quais serão as tendências, sua empresa estará apta a identificar não apenas produtos e serviços para atender às necessidades futuras, mas também grandes oportunidades que essas novas necessidades irão gerar. Por esse motivo, é importante dar um retorno rápido ao mercado e oferecer soluções para as necessidades dos consumidores. A primeira atitude é acompanhar as tendências. A segunda, identificar e produzir rapidamente o que os consumidores desejam.

Aqui existe um grande problema que o marketing deve encarar. Nem sempre os consumidores sabem exatamente o que desejam. Com o desenvolvimento científico e tecnológico, os produtos têm um ciclo de vida muito curto e os clientes – que não são especialistas em determinado produto ou serviço – não têm obrigação de acompanhar esse desenvolvimento tecnológico. Assim, não basta perguntar o que o cliente deseja. É preciso observar o comportamento dos consumidores e conhecer o desenvolvimento tecnológico dos produtos para poder identificar as soluções mais apropriadas às necessidades que, muitas vezes, nem o cliente percebe que tem.

Lembre-se de que não existe apenas a sua empresa acompanhando essas tendências e que, muitas vezes, a concorrência pode antecipar o atendimento dessa necessidade, tirando sua oportunidade ou reduzindo-a. Por isso, a velocidade é fundamental. Não basta saber o que fazer. É preciso agir, com rapidez.

Veja que eu disse que o cliente nem sempre sabe o que quer. Se um gerente de banco me perguntasse onde eu gostaria de aplicar o meu dinheiro, responderia que não sei, porque não sou gerente de banco. Ou seja, nem sempre o cliente sabe o que o mercado tem à sua disposição como solução para suas necessidades. Para isso existem as empresas, os vendedores, os gerentes etc. Os clientes não só esperam que as empresas saibam o que eles querem, mas também o que é melhor para eles.

Como professor, não devo perguntar a meus alunos (meus clientes) o que eles querem – mesmo porque eu certamente ouviria a resposta de que eles desejam que eu não aplique avaliações ou que os aprove automaticamente. Sou eu quem deve estudar o mercado e apresentar as melhores opções para o sucesso desses alunos.

Observe que o marketing, hoje, depende de um fator chamado Inteligência de Marketing. Marketing, hoje, é sinônimo de pesquisa, de estudo, de análise, de estar permanentemente acompanhando o mercado e as tendências para antecipar necessidades, surpreendendo os consumidores.

Note que as empresas que venceram no mercado não foram aquelas que perguntaram o que os seus clientes queriam, mas sim aquelas que surpreenderam o mercado com produtos e serviços fundamentalmente novos e diferentes. Ninguém pediu, anos atrás, um celular que viesse com câmera fotográfica e filmadora integradas. Observe que os grandes sucessos de mercado não foram solicitados pelos clientes, mas os surpreenderam exatamente pelo seu ineditismo.

Para que sua empresa possa antecipar o mercado e apresentar as melhores soluções, existe ainda o chamado Marketing de Relacionamento, que consiste em manter bons relacionamentos com o mercado como um todo, e com os clientes, fornecedores, *prospects* (consumidores que poderão vir a ser seus clientes), de forma particular.

Em um mercado com muitos concorrentes, qualidade semelhante e preços similares, a maneira mais eficaz para conquistar e manter clientes é encantá-los e surpreendê-los, ou seja, fazer exatamente aquilo que os clientes não esperam. Neste livro, vou repetir, exaustivamente, este conceito, para que ele fique impregnado em sua mente.

Se a intenção é a de *surpreender*, não se deve perguntar o que o cliente deseja, pois fazer o que o cliente deseja não o surpreenderá. Você apenas *atenderá* o cliente e não o surpreenderá.

Hoje, na visão do cliente, as empresas precisam se apresentar como *solution providers* (ou provedoras de soluções), totalmente comprometidas com o sucesso dos clientes.

Assim, é preciso compreender que o foco de uma empresa ou de um vendedor não é mais o seu cliente. O foco de uma empresa ou vendedor é o "foco do seu cliente"! Desse modo, as empresas devem estar comprometidas com o foco dos seus clientes de forma a antecipar as necessidades que eles terão em relação a seus negócios.

Aí está a importância fundamental do **Projeto Cliente**, objeto deste livro. Aqui você aprenderá como estudar seus clientes para poder surpreendê-los e encantá-los, fazendo o que eles não esperam.

Outro ponto importante a ser ressaltado é que hoje o marketing de massa está com seus dias contados. A grande tendência é o *one-to--one marketing*, ou seja, o marketing individualizado.

Para que sua empresa consiga atender às exigências de cada cliente e ainda ser uma provedora de soluções, encantando e surpreendendo cada um deles, é preciso entender que não há dois clientes iguais.

É preciso medir, adequar, ajustar, customizar seus produtos e serviços, ou seja, personalizá-los para cada cliente, como faz um alfaiate.

Mesmo que você tenha produtos não diferenciados e que não possam ser diferenciados – no caso de uma indústria, por exemplo –, você deverá customizar o atendimento, a entrega, a logística, os serviços agregados, a assistência técnica etc., tornando aquele produto, que é igual no seu conteúdo, um produto "específico" em face do que você agregará de serviços personalizados.

Para vencer no mercado competitivo em que vivemos, é preciso, também, que nos lembremos do enorme valor do chamado *Buzz Marketing*, que é na verdade o marketing do bochicho ou marketing "viral", ou, ainda, como dizemos, a propaganda boca a boca. Pesquisas mostram que a recomendação de outros consumidores é a mais eficaz forma de publicidade[1].

Assim, sua empresa tem de criar as condições para que os seus produtos e serviços sejam comentados (de forma positiva) entre os próprios consumidores. Transformar o cliente em vendedor ativo é hoje o maior objetivo de qualquer empresa.

Fazer um uso inteligente do marketing não é, portanto, tarefa simples. Exige comprometimento, criatividade, perspicácia, bons relacionamentos e uma grande disposição de pesquisa e observação.

Neste livro, você verá também os desafios de vendas. Conhecerá a definição do Professor Oscar Manuel de Castro Ferreira, especialista em tecnologia da educação e consultor de empresas, que afirma que "vender é administrar eficazmente as contingências de compras". Inicialmente, esse pode parecer um conceito complicado, mas você compreenderá toda a sua validade e aplicação em seu dia a dia de vendas.

A grande verdade é que vender, hoje, não é somente falar e fazer belas apresentações do produto, mas prestar serviços e, como você lerá adiante, vender é mais cérebro do que músculos. Vender é fazer a lição de casa, é fazer com atenção o **Projeto Cliente** como explicado neste livro.

Muitos vendedores não têm sucesso em vendas porque ainda acreditam que o que vale é sair à rua oferecendo seus produtos sem planejamento. É claro que é preciso sair às ruas e oferecer seus produtos, mas, hoje, mais do que nunca, é preciso usar a inteligência, planejar.

---

[1] Pesquisa realizada pela Global Online Consumer Study em 47 países, e publicada em abril de 2007 pela Nielsen Company, mostra que 78% dos consumidores globais confiam mesmo é na informação de outras pessoas na hora da decisão de compra. Em segundo lugar estão os jornais, com 63%; *sites* de marca, 60%; revistas, 56%; televisão, 56%. A pesquisa foi publicada na revista *Meio & Mensagem* de 22 de outubro de 2007, p. 46.

É por meio do planejamento que você conseguirá vender mais para os clientes que já tem. Você conseguirá fazer o que se chama de *pocket share* ou *wallet share*, ou seja, aumentar sua participação no "bolso do cliente" ou na "carteira do cliente".

É pelo planejamento de vendas que você poderá fazer o que se chama de *cross-selling* – vendas cruzadas –, ou seja, vender a seus clientes itens relacionados com os que ele já compra.

Tenha em mente que quando o seu consumidor compra apenas um produto do portfólio da sua empresa, ele certamente está comprando os demais do seu concorrente. Se você não tomar nenhuma atitude para fidelizar esse cliente, não tenha dúvida de que seu concorrente o fará.

Não se esqueça jamais de que, para transformar o seu cliente em seu vendedor ativo, é preciso fazer o que ele não espera. Quem vai à Disney, por exemplo, não diz que viu o Mickey. Certamente esta pessoa lhe dirá o que não esperava ter encontrado e que a tenha surpreendido e encantado.

Realizei uma palestra no norte do Paraná e ao fim do evento fui procurado por um senhor que disse que sempre acompanhou o meu trabalho e que gostaria de me dar um presente:

— Professor, eu acho que o senhor tem tudo, mas eu comprei um livro para o senhor – disse, entregando-me o livro embrulhado.

Abri o pacote e vi que o livro que ele havia me dado era um livro que eu mesmo havia escrito. Com muito cuidado, eu disse àquele senhor:

— Meu senhor, em primeiro lugar, quero agradecer muito o seu presente, mas, o senhor vai me desculpar de eu falar, este é um livro meu mesmo. Fui eu quem o escrevi.

E então o senhor me respondeu:

— Isso que eu pensei. Impossível que ele não goste deste!

O mais impressionante foi que o senhor tirou imediatamente o livro de minhas mãos, abriu-o e o autografou para mim! Eu me lembro daquele homem até hoje e sei onde está o livro em minha estante. Nunca esperei ganhar um livro meu, autografado por alguém! Jamais me esquecerei!

Portanto, seus clientes só se lembrarão e comentarão sobre aquilo que não esperavam; são os chamados "momentos mágicos".

Quando você for visitar um cliente ou for fazer o seu **Projeto Cliente**, não se esqueça de se perguntar: "O que ele não espera de mim?", ou seja, "Como poderei surpreendê-lo?".

Boa leitura

O PROJETO
Cliente

DESDE 1985 VENHO DIZENDO às empresas que não basta que seus vendedores conheçam bem os seus produtos e serviços. Com muitos concorrentes, qualidade semelhante e preços similares, a empresa toda precisa tornar-se vendedora.

Vender, hoje, não é uma tarefa só para a equipe de vendas, ou para o departamento comercial da empresa. É tarefa de toda a empresa. Se todos os departamentos e unidades de negócio, enfim, todos os colaboradores, sem exceção, não se envolverem diretamente com a tarefa de conquistar, manter e fidelizar clientes, ela se torna impossível.

Assim, uma das principais tarefas da empresa é estudar os clientes.

Os vendedores conhecem os produtos e serviços. Fazem cursos e treinamentos para conhecer melhor o que a empresa vende. Mas pouquíssimas empresas estudam os clientes.

Para que esse estudo de clientes possa ser feito de maneira sistematizada, desenvolvi, há mais de vinte anos, um formulário de **Projeto Cliente** que direciona esse estudo. Minha sugestão é que a empresa tome os seus principais clientes – de preferência os 20% de clientes que representam 80% de suas vendas e seu faturamento e mais alguns formadores de opinião – e faça, para cada um deles, um **Projeto Cliente** com todos os seus detalhes. Esse projeto deve ser atualizado semestralmente para que tenha real valor para a empresa.

Nesse projeto, os vários departamentos, liderados pelo departamento comercial ou de marketing, vão:

- **Diagnosticar a empresa-cliente** – O que ela produz ou faz? Quem toma as principais decisões em relação aos nossos produtos ou serviços? Quem são os proprietários, sócios ou acionistas majoritários? Quem são seus principais concorrentes? Como é a empresa em termos de desenvolvimento tecnológico e produtos ou serviços de última geração? Quanto tem comprado de nós? É cliente novo ou antigo? Desde quando compra de nós? Quais foram os seus últimos pedidos? Que dificuldade temos encontrado nesse cliente? O que a nossa concorrência está oferendo a ele? Existe uma rotatividade de pessoas que seja considerável? Como o mercado a enxerga? Quais as suas principais características positivas e negativas em termos de relacionamento com o mercado e a concorrência? Como são suas instalações, seus equipamentos? De que maneira poderemos fazer uma diferença de valor para essa empresa por meio de nossos produtos ou serviços? etc. O diagnóstico é fundamental e toda a empresa deve ajudar nessa fase de diagnosticar a empresa-cliente ou aquela para a qual estamos querendo vender.

- **Definir claramente os objetivos e metas** – Afinal, o que queremos vender a ela? Quanto queremos vender? O que queremos ter nessa empresa em termos de produtos, serviços ou mesmo *merchandising*? Como queremos que seja o nosso relacionamento com as pessoas-chave da empresa? Aqui a empresa deverá decidir de forma clara o que realmente deseja.

- **Definir, claramente, a estratégia/metodologia** – Quais os passos que daremos para atingir nossos objetivos? Quem será o responsável em cada um dos passos? Qual o prazo para que cada um dos passos seja completado? Aqui, de forma totalmente objetiva e clara – comportamental –, somente usando verbos de ação, a empresa vai definir passo a passo tudo o que ela fará para atingir os objetivos e metas propostos no item anterior. É fundamental que fiquem definidos os responsáveis e prazos para cada passo e que não se entre em um processo de autoengano, achando que as coisas podem acontecer sem que todos efetivamente participem e se comprometam com prazos definidos.

- **Verificar quais recursos de trabalho serão necessários para se realizar o projeto** – Aqui a empresa definirá de que ela necessita para realizar o projeto e verificará se esses recursos já existem ou se precisam ser desenvolvidos ou adquiridos, sejam recursos humanos, materiais ou equipamentos.

- **Definir a necessidade de recursos financeiros e fontes de financiamento** – Nesse tópico, a empresa definirá o orçamento para o projeto e de onde virão os recursos para que ele possa ser executado. O importante aqui é não se autoenganar. De nada adianta fazer um projeto com propostas mirabolantes que não possa ser executado. A maioria dos projetos de sucesso são os que não exigem recursos adicionais além dos já existentes na empresa.

- **Definir critérios de avaliação** para que, de tempos em tempos, o projeto possa ser avaliado, bem como se a estratégia está sendo seguida e se os objetivos e metas estão sendo atingidos.

A grande verdade, e repito isso desde 1985, quando se discutiam os desafios dos anos 90, é que o mundo mudou; o Brasil mudou; o mercado mudou; o cliente mudou e os caminhos para vender e ter sucesso não são os mesmos de um passado com menos concorrentes globais.

Portanto, estudar clientes é fundamental. Envolver toda a empresa na complexa tarefa de vender é essencial. Não é mais possível que os departamentos de produção, engenharia, administração, finanças fiquem isolados da tarefa e da responsabilidade de vender. Esse é o propósito desta obra.

No final deste livro, você encontrará um formulário-modelo completo do **Projeto Cliente**. Caso queira fazer cópias para utilizar em sua empresa, acesse o *site* www.marins.com.br e lá você também encontrará, para baixar em seu computador, o formulário completo.

O Projeto Cliente

PARA QUAIS EMPRESAS
devo fazer o
Projeto Cliente?

SEMPRE ME PERGUNTAM PARA quais empresas se deve elaborar um **Projeto Cliente**. Outra pergunta e, talvez, até objeção que me fazem é se a elaboração desses projetos não burocratiza demais a venda e faz o vendedor perder o foco de estar na rua, vendendo, ou em busca de clientes.

Como pretendo demonstrar neste livro, essa objeção é falsa porque a perda de tempo, de recursos e de energia na área de vendas tem vindo exatamente do fato de não se estudar clientes, de sair à rua ou fazer visitas de vendas sem planejamento.

Quanto à pergunta para quais clientes devo fazer o projeto, o ideal é que você faça o **Projeto Cliente** para todos. Muitas pessoas me dirão que é impossível para uma empresa que tenha milhares de clientes. Se você acha realmente impossível fazer para todos os clientes, minha sugestão é que você escolha os principais usando os seguintes critérios:

- os 20% de seus clientes que representam 80% de suas vendas, ou seja, os seus clientes principais pelo critério de faturamento;

- clientes formadores de opinião. Há clientes que não compram muito, mas são importantes por serem pessoas formadoras de opinião. São diretores de clubes, associações, sindicatos ou mesmo pessoas que têm suas opiniões respeitadas por outras pessoas;

- clientes com potencial de crescimento. São clientes pequenos hoje, mas que você enxerga neles um potencial de crescimento.

O **Projeto Cliente** exige disciplina para fazer, acompanhar, atualizar os formulários e avaliar os resultados. É preferível você fazer projetos para seus principais clientes, e fazê-los benfeito, a fazer para todos de forma malfeita, sem execução completa e sem acompanhamento.

Lembre-se de que o **Projeto Cliente** é uma metodologia para estudar clientes, pois acredito que só mesmo estudando cada um dos clientes é que seremos capazes de conquistá-los e fidelizá-los. Assim, quanto mais clientes você estudar e mais seriamente seguir essa metodologia, maior será a chance de conquistá-los e mantê-los por longo tempo.

UM DIAGNÓSTICO
benfeito garante
um projeto eficaz

ASSIM COMO UM MÉDICO quando deseja descobrir o problema de seu paciente para decidir qual a conduta médica mais apropriada a seguir faz nele um minucioso exame, da mesma forma a empresa deve fazer um exímio e completo diagnóstico de cada um de seus clientes. O diagnóstico benfeito servirá para a empresa e o vendedor saberem, com exatidão, não só como atender às necessidades e expectativas dos clientes, mas principalmente para decidir o que fazer para encantá-los e surpreendê-los.

Um diagnóstico benfeito garante um projeto com resultados eficazes. Muitas empresas e pessoas não dão a necessária importância e não tomam o necessário cuidado para que o diagnóstico seja benfeito e realizado com estudo dos detalhes.

É preciso repetir, aqui, que todos os departamentos da empresa devem participar, o máximo possível, da elaboração do **Projeto Cliente**. Alguns departamentos participarão mais ativamente, outros menos, mas todos devem ser chamados a participar, pois, com certeza, alguém terá informações que possam ser relevantes na decisão das estratégias e da metodologia de ação. O departamento comercial ou de vendas deve coordenar essa atividade, mas não deve ser o único responsável pela sua elaboração. Como já dissemos na introdução, vender, hoje, é algo mais complexo e não pode ficar sob a responsabilidade apenas dos vendedores.

Para que o diagnóstico possa ser benfeito, é preciso coletar dados sobre o cliente. É preciso fazer uma pesquisa séria e detalhada para que todas as informações relevantes sejam levantadas. A seguir, veja, passo a passo, uma sugestão de como fazer um diagnóstico eficaz.

- O primeiro passo, como já vimos no capítulo anterior, é definir para quais clientes você fará o **Projeto Cliente**.
- O segundo passo é entrar na internet e buscar o *site* da empresa. Quase todas as empresas têm *site* na internet, mas se alguma empresa porventura não tiver, com certeza você obterá informações gerais sobre ela com fornecedores ou até mesmo com órgãos governamentais que poderão ser úteis para você conhecer melhor a empresa. Por exemplo, uma empresa que seja muito citada em processos judiciais poderá ser problemática e merecerá uma análise mais detalhada antes de estabelecer relações comerciais com ela.
- O terceiro passo é colocar, em um *site* de busca, palavras referentes ao que a empresa faz – produtos e serviços – para ver o quanto ela é citada. Exemplo: se a empresa-cliente ou *prospect* que você está diagnosticando for fornecedora de brindes para outras empresas, digite em um *site* de busca "brindes empresariais" e veja o quanto essa empresa é citada. Provavelmente você encontrará até outros clientes e fornecedores dessa empresa nessa busca pela internet.
- Com essas informações preliminares em mãos, o coordenador do projeto deve reunir os outros departamentos da empresa, principalmente o departamento de marketing, financeiro, jurídico, de logística e de distribuição, além dos companheiros da área comercial, e fazer uma breve apresentação preliminar do cliente ou *prospect* e das razões pelas quais ele está sendo estudado. Nessa reunião, deve ser dada como tarefa a todos os participantes que busquem informações – cada um em sua área – a respeito do cliente. É preciso deixar claro que todas as informações são relevantes para o diagnóstico: Como ele é? Quem influencia as suas decisões? Ele pertence a alguma associação, clube etc.? Para que time torce? Quais são seus *hobbies* e o que ele faz no tempo livre? Quanto ele compra de nossa empresa? Desde quando é nosso cliente? Como

é o passado dele como cliente em nossa empresa? De que outros fornecedores ele compra?

■ Dê um tempo determinado para que todos os demais membros da equipe que você reuniu coletem mais dados para o diagnóstico e marque uma nova reunião.

■ Na reunião final do diagnóstico, compile todas as informações e escreva no formulário do **Projeto Cliente**.

Dedique tempo e inteligência ao diagnóstico. Quanto melhor o diagnóstico, mais fácil será a definição dos próximos passos.

OBJETIVOS E METAS
bem definidos
garantem o foco

A DEFINIÇÃO CLARA DE objetivos e metas garantirá que o projeto tenha foco e, portanto, sucesso. Objetivos e metas mal definidos impedem qualquer sucesso em vendas. Assim, após a realização do diagnóstico, o passo seguinte será definir claramente todos os objetivos e as metas que nossa empresa deseja alcançar com aquele determinado cliente.

A diferença entre objetivos e metas é que os objetivos não precisam ser quantificados. As metas, sim. Exemplo: meu *objetivo* é aumentar as vendas de determinado item de meu catálogo para aquele cliente. Minha *meta* é aumentar em 20%. A meta é sempre quantificada. Mesmo quando não se tem números para quantificar uma meta, podemos fazer a diferença dizendo que a meta é sempre mais específica que o objetivo. Exemplo: meu *objetivo* é melhorar o relacionamento de nossa empresa com a imprensa local. Minha *meta* é trazer todos os redatores-chefes dos jornais e das rádios de minha cidade para visitar nossa empresa. Para facilitar o raciocínio, lembre-se de que uma meta sempre terá prazo e responsável definidos.

A definição clara de objetivos e metas deve ser feita em todos os projetos, qualquer que tenha sido o diagnóstico. Há um erro muito comum nas empresas, que é o de acreditar que um cliente com quem não temos problema algum não precise da definição de objetivos. Muitas vezes, na elaboração de projetos com nossos clientes de consultoria, vejo que, quando um cliente é diagnosticado como "já fidelizado" ou "nosso", os membros da equipe acreditam que nada precisa ser feito em relação a ele. Isso é um grande erro!

Justamente quando temos clientes fiéis é que temos de definir exatamente o que queremos dele para o futuro. No mínimo, o objetivo será que continue fiel à nossa marca, mas com certeza poderemos ter outros objetivos, como, por exemplo, torná-lo uma referência para futuros clientes.

Da mesma forma, se no diagnóstico vimos que determinado cliente teve problemas com nossa empresa no passado, seja por um mau atendimento ou problemas com nossos produtos ou serviços, nosso objetivo deve ser claro e nossa meta também. O objetivo será reconquistá-lo e a meta poderá ser a de vendermos a ele apenas uma quantidade mínima para tirar dele a má impressão que deixamos anteriormente.

A definição clara de objetivos e metas é fundamental para o próximo passo na elaboração do **Projeto Cliente** – a estratégia/metodologia, quando definiremos exatamente o que iremos fazer para atingir nossos objetivos e metas. Assim, se os objetivos e as metas forem mal definidos, não poderemos determinar de forma precisa como iremos atingi-los. O que eu realmente quero deste cliente? Quero que ele compre mais? Quanto mais eu quero que ele compre? Por quê? Quero apenas que ele continue sendo o cliente excepcional que é? Faça objetivos comportamentais que possam ser medidos e observados. Projetos mal definidos não têm execução garantida.

ESTRATÉGIA/METODOLOGIA:
os passos do sucesso em vendas

EMBORA TODAS AS FASES do **Projeto Cliente** sejam importantes, a definição da estratégia/metodologia é essencial. É aqui que você irá definir, passo a passo, o que, de fato, fará para atingir cada um de seus objetivos e metas, estabelecendo responsável e prazo para cada um dos passos.

Digo que esta parte é essencial porque é por meio da definição da estratégia/metodologia que iremos implementar o projeto. De nada adianta ter feito um bom diagnóstico e ter objetivos e metas definidos se não partirmos para a ação. Assim, preste bastante atenção nesta fase do projeto.

Tendo em mente os objetivos e as metas e revendo, com atenção, o diagnóstico, você vai definir todos os passos, o que efetivamente fará, quem será o responsável e qual será o prazo de execução de cada passo.

Assim, por exemplo, se no diagnóstico você detectou que seu cliente já é fiel à sua empresa e à sua marca e definiu como objetivo mantê-lo cada vez mais fiel, na estratégia/metodologia você definirá o que fará para manter essa fidelidade. Exemplo: vamos convidar esse cliente para visitar nossa empresa e oferecer a ele um almoço com a diretoria. O responsável pela ação será o gerente de vendas e a data será programada.

Veja um exemplo:

AÇÃO	RESPONSÁVEL	DATA
Convidar o cliente para visitar a empresa e almoçar com a diretoria	José das Neves – Gerente de vendas	15 de novembro
Participar da formatura do filho do cliente Marcelo, que irá se formar em Medicina no Rio de Janeiro	Dr. Carlos Eduardo – Diretor de marketing	12 de janeiro
Trocar nosso material de *merchandising* do cliente da filial de Belo Horizonte	Vanessa Mendes – Gerente regional/MG	10 de outubro

O importante é que tudo seja colocado em termos comportamentais, isto é, que possa ser avaliado e medido. De nada adianta colocar na estratégia/metodologia "aumentar a frequência de visitas ao cliente" sem definir quantas vezes ele será visitado na semana ou no mês e quem fará essas visitas.

Esse é um grande problema que acaba acarretando um autoengano em relação à metodologia do **Projeto Cliente**. Se as estratégias não forem definidas de forma comportamental, o projeto não trará resultado algum.

Essa fase do projeto deve ser feita com a participação de todos os envolvidos, para que eles estejam conscientes de suas responsabilidades em relação àquele cliente e, mais que isso, saibam o que irão fazer e os prazos em que serão cobrados.

DEFININDO
os recursos de trabalho

PARA QUE O PROJETO possa ser executado, é preciso definir com clareza quais os recursos necessários e de onde eles virão. Essa definição é fundamental e servirá para verificar se o projeto é viável ou apenas um sonho de realização impossível.

Ao definir a estratégia/metodologia, já se deve pensar na disponibilidade dos recursos de que você ou sua empresa precisarão para realizar o projeto. Nesta fase, eles serão apenas descritos.

Os recursos para a execução de um trabalho podem ser divididos em:

1. Recursos humanos

Para definir os recursos humanos necessários, responda às seguintes perguntas:

- De quantas pessoas você precisará para ajudá-lo na realização do projeto?
- Você precisará contratar pessoas novas para a realização do projeto?
- Você poderá contar com pessoas da empresa em sua organização?

- Essas pessoas são de seu departamento ou unidade de negócios ou de outro departamento ou unidade?
- Se forem de outro departamento ou unidade, você tem poderes para contar com a colaboração dessas pessoas?

Exemplo: Recursos humanos

FUNÇÃO	TEMPO DE DEDICAÇÃO	OBSERVAÇÃO
Uma analista de vendas	Tempo integral por seis meses	Contratar. Salário médio do mercado R$ ...
Um assessor de marketing	Tempo parcial – 4 horas por semana	Existente na Gerência de marketing
Uma secretária	Tempo parcial – 8 horas por semana	Existente em nosso departamento

2. Equipamentos

Para definir os equipamentos necessários, responda:

- De que máquinas ou equipamentos precisamos?
- Esses equipamentos já existem ou terão de ser adquiridos?
- Se já existem, estão à sua disposição ou você terá de negociar internamente em sua empresa para que eles sejam postos à disposição do projeto?
- Se tiverem de ser adquiridos, são de fácil aquisição? O valor é acessível à sua empresa ou orçamento?

Exemplo: Equipamentos

EQUIPAMENTO	TEMPO DE UTILIZAÇÃO	OBSERVAÇÕES
Uma máquina fotográfica	Dois dias por semana	Já existente no departamento
Um projetor multimídia	Um dia por semana	Sugestão de alugar, quando necessário
Um *desktop* (computador) para ser utilizado pela analista de vendas	Tempo integral	Verificar com a área de TI se existe algum *desktop* disponível na empresa ou adquirir de acordo com as especificações da área de TI

3. Móveis e utensílios

Para definir o que será necessário, responda:

- Quais móveis e utensílios serão necessários para a realização do projeto?
- Esses móveis ou utensílios já existem ou terão de ser adquiridos?
- Se já existem, estão à sua disposição ou você terá de negociar internamente em sua empresa para que eles sejam postos à disposição do projeto?
- Se tiverem de ser adquiridos, são de fácil aquisição? O valor é acessível à sua empresa ou orçamento?

Exemplo: Móveis e utensílios

MÓVEL OU UTENSÍLIO	TEMPO DE UTILIZAÇÃO	OBSERVAÇÕES
Um quadro para o acompanhamento dos projetos em execução	Permanente	Adquirir – há várias opções no mercado. Precisa ser de fácil atualização pela secretária
Uma mesa de trabalho com cadeira giratória para a analista de vendas que será contratada	Permanente	Modelo padrão da empresa

4. Outros

É preciso que fique claro que o ideal é que o projeto utilize os recursos já existentes e disponíveis na empresa. Projetos mirabolantes e caros dificilmente são executados. Muitas vezes, funcionários propõem ações que sabem, de antemão, que não podem ser executadas. Algumas pessoas fazem isso para se eximir da responsabilidade de fazer acontecer, afirmando que deram várias sugestões que não foram implementadas por culpa da empresa. Esse tem sido um dos principais entraves à implementação do **Projeto Cliente**. Reafirmo que a grande maioria dos projetos não necessita de recursos adicionais. É muito mais uma mudança de comportamento e de atitude da empresa no relacionamento com seus clientes do que um problema de alocação de recursos, equipamentos etc.

DE ONDE VEM
o dinheiro? A importância da definição clara das fontes de financiamento

AS FONTES DE FINANCIAMENTO devem ser claramente definidas e estudadas. Há projetos simples e há projetos que exigirão recursos de maior monta. Na definição das fontes de financiamento poderão ser buscados empréstimos bancários, suplementações orçamentárias, verbas cooperadas e outros meios que possam financiar adequadamente o projeto.

É desnecessário dizer que o departamento financeiro deve ser totalmente envolvido nesta fase. E para que não haja surpresas desagradáveis aos elaboradores do projeto, é fundamental, portanto, que a área financeira esteja envolvida desde o início, para que se sinta comprometida com a busca dos necessários recursos para sua execução.

Quero novamente salientar que o ideal é que o projeto seja realizado aproveitando os recursos já existentes na empresa, de forma a minimizar a necessidade de outros recursos. Há que se ter muito cuidado para não deixar a criatividade correr solta propondo-se e exigindo-se recursos vultosos, pois isso, com certeza, impedirá a realização do projeto.

SEM AVALIAÇÃO,
não há aprendizado. Avalie o seu projeto em todos os seus passos

A AVALIAÇÃO É FUNDAMENTAL; porém, poucos se dedicam a avaliar seus projetos. A avaliação evita erros futuros e retrabalho. Ela deve ser feita durante as fases do projeto e após a sua conclusão, nos momentos definidos no próprio projeto.

A avaliação vai garantir que tudo seja feito de acordo com os prazos e que os envolvidos sejam realmente responsabilizados pela execução ou não execução das tarefas a eles confiadas.

É preciso que os critérios de avaliação sejam objetivos e não subjetivos. Assim, é preciso que sejam mensuráveis objetivamente. Se assim não forem, a avaliação não será eficaz e poderá até ser objeto de conflito na empresa.

A sugestão que sempre ofereço é a de marcar reuniões periódicas, semanais ou mensais de avaliação, e nessas reuniões o grupo deve rever passo a passo a estratégia/metodologia, garantindo a execução do projeto. Nessas reuniões, os participantes devem analisar todos os passos da metodologia, verificar se eles vêm sendo cumpridos e de que forma e quais as dificuldades encontradas.

Dentro dos critérios objetivos de avaliação poderão estar definidos, por exemplo, o aumento de vendas, a aquisição de produtos diferentes dos que o cliente normalmente adquiria da empresa etc.

A avaliação de um projeto é também um formidável instrumento de aprendizagem. É por meio da avaliação que poderemos corrigir os rumos do presente projeto e dos futuros que realizaremos. É por isso que sempre peço às empresas que dediquem tempo e energia à avaliação.

É muito importante que o processo de avaliação seja formal. Isso quer dizer que não basta saber que o projeto está indo bem ou que está dando resultados. Um grande problema é acreditar que a avaliação pode ser informal, realizada como uma atividade comum no dia a dia. Isso é um erro. É preciso sentar em torno de uma mesa e, formalmente, discutir o que está dando certo ou errado, o que poderia ter sido feito diferente, o que não fizemos e deveríamos ter feito, e o que ainda poderemos fazer. É necessário colocar tempo e inteligência no processo de avaliação.

Vamos nos lembrar de que um projeto só termina quando sua avaliação estiver concluída e suas conclusões, escritas e analisadas. As empresas sentem um verdadeiro tédio em relação ao processo de avaliação final de projetos. Acreditando que tudo deu certo, que os resultados foram alcançados, deixam de analisar detalhes importantes da operação que poderiam ser valiosos para o futuro.

COMO VENCER
neste louco mercado competitivo

A INSOFISMÁVEL VERDADE É que estamos vivendo em um mercado extremamente competitivo, em que o adjetivo "louco" é quase sempre utilizado para defini-lo. A grande pergunta que todos nos fazemos é como vencer na livre concorrência deste mercado globalizado. Para que compreendamos bem a dificuldade que temos, vale lembrar, rapidamente, as razões das mudanças que ocorreram no mercado.

A primeira grande transformação é o aumento significativo de concorrentes. Seja qual for a sua empresa ou o segmento em que atue, a concorrência aumentou exponencialmente nas últimas décadas. Hoje é possível encontrar uma infinidade de marcas em qualquer setor, seja no primário (agricultura, pecuária), no secundário (indústria) ou no terciário (comércio e serviços). Basta vermos o número de postos de combustível, padarias, farmácias, concessionárias de automóvel etc.

O segundo motivo de nossa dificuldade em vencer a concorrência é que a qualidade dos produtos, serviços e sistemas oferecidos pela concorrência está cada vez mais equivalente, mais semelhante, e os benefícios oferecidos cada vez mais iguais e comuns a todas as empresas e produtos. Não existem mais refrigeradores novos que refrigerem mal ou automóveis novos que sejam de má qualidade. Qualidade já é algo indiscutível. Se a sua empresa não oferecer produtos, serviços e sistemas de qualidade, ela estará fora do mercado competitivo.

Peter Drucker, a maior autoridade em ensino de administração do século XX, dizia que qualidade não se discute mais. Qualidade, segundo ele, é o cacife para você sentar à mesa do jogo para poder começar a jogar. Ou você tem qualidade ou está fora do jogo, fora do mercado.

Muitos leitores devem conhecer empresas com produtos e serviços de baixa qualidade que ainda subsistem no mercado. Eu também conheço. A pergunta que deve ser feita é: até quando elas subsistirão? Com certeza ainda estão vivas por alguma circunstância especial, mas não sobreviverão por muito tempo.

E quando a qualidade começa a ser equivalente, uma terceira variável passa a dificultar ainda mais a vida das empresas: os preços começam a ser iguais entre produtos e serviços concorrentes.

Aquele refrigerador e aquele automóvel, por exemplo, com especificações similares, começam a ter preços muito parecidos ou mesmo iguais. O preço passa a ser comandado pelo mercado e não mais pelas empresas. Não são mais os custos que definem o preço, mas o preço que os consumidores estão dispostos a pagar é que passa a definir os custos de produção.

Aqui está, portanto, a razão ou a motivação do grande desafio que as empresas enfrentam neste mercado competitivo e global: com muitas empresas e marcas no mercado, com produtos, serviços e sistemas com qualidade semelhante e preços similares, que fatores levarão o consumidor a optar pela sua empresa, em vez de suas concorrentes? Quem será capaz de conquistar e manter aquele cliente? O que terá de fazer? Como diferenciar a empresa para que ela se distinga de tantos concorrentes, com qualidade semelhante e preços similares?

A verdade que nem sempre compreendemos é que essa tão desejada e necessária diferença está cada vez menos relacionada aos produtos, pois eles estão cada vez mais semelhantes. Nunca foi tão fácil copiar um produto. O acesso a processos tecnológicos está cada vez mais fácil e recursos estão disponíveis às empresas. Um produto bancário, por exemplo, pode ser copiado pela concorrência em menos de quatro horas. Tipos de embalagem são copiados com velocidade incrível. Aquilo que era uma diferença significativa em seu produto desaparece em poucas semanas.

Como, então, fazer a diferença?

A diferença deve estar na empresa como um todo, na loja, no supermercado, e não mais nos produtos que sua empresa fabrica, que sua loja vende ou que estão nas gôndolas de seu supermercado.

Em uma pesquisa que fizemos em supermercados da Grande São Paulo, a maioria das mulheres entrevistadas disse preferir um supermercado que tenha menos produtos, mas que ofereça um serviço rápido e de qualidade no momento do pagamento ao caixa, a outro que tenha maior variedade de produtos, mas que não ofereça agilidade, rapidez e presteza no *checkout* (caixa).

A variável crítica não está no número de produtos nas gôndolas ou na diversidade oferecida. Ter maior variedade de produtos é visto como uma "obrigação" do supermercado. A *diferença* está no tempo que se leva para passar as compras no caixa, na limpeza, nos carrinhos que rodam com maior facilidade, na sinalização que facilita encontrar os produtos e, portanto, fazer o cliente ganhar tempo etc.

O que mais nos chamou a atenção nessa pesquisa é que as entrevistadas disseram preferir substituir marcas com as quais já estão acostumadas a ter de esperar muito tempo na fila do caixa, deixando muito clara a opção por uma loja mais ágil àquela que tivesse maior variedade de produtos e as fizesse ter a sensação de perder tempo. A variável "tempo" é mais importante que a variável "diversidade de produtos".

Assim, é a empresa ou o profissional que tem de ser diferente. Observe que nem sempre é a marca do cosmético – no caso de revendedoras domiciliares de produtos de beleza –, mas sim a habilidade e presteza da revendedora que conseguem a preferência das clientes. Se for uma loja de cosméticos, é a loja que tem de ser agradável e ter aspectos que a diferenciem e não somente a variedade de produtos, que, repito, é obrigação de quem tem um varejo especializado.

Portanto, a diferença está cada vez mais no que chamamos de "prestação de serviços".

Prestação de serviços é um conceito genérico que engloba tudo o que não seja produto. É a logística, o tempo de entrega, a distribuição, a embalagem (seja o *design* ou a facilidade de uso que ela proporcione), a assistência pós-venda, a garantia, a facilidade de reposição etc.

Se perguntarmos a alguém qual é o melhor automóvel em uma mesma faixa de preços, veremos que as opiniões serão de cunho mais emocional do que racional: "Eu gosto mais de tal carro porque acho

bonito" ou "Acho uma gracinha a traseira de tal carro". Ou, ainda, veremos pessoas mais práticas dizendo preferirem tal ou qual marca em função da facilidade de assistência técnica.

O que quero dizer é que quase nunca a pergunta "Qual é o melhor automóvel?" é respondida em função da qualidade intrínseca do produto automóvel, mas sim de seus aspectos "além-produto", seja o *design*, a assistência pós-venda etc.

Qualquer automóvel será um excelente produto. A diferença estará na concessionária, na eficiência da assistência técnica, no pós-venda, nas formas diferenciadas de atendimento, ou seja, na empresa, no que ultrapassa o produto.

Voltando à nossa pergunta original e levando em consideração que os produtos estão se tornando *commodities*, ou seja, não diferenciados, como vencer na livre concorrência, neste mercado louco e competitivo?

A resposta é que temos realmente que diferenciar a nossa empresa como um todo, criando um conjunto de serviços que o cliente valorize e, portanto, tenha disposição para pagar por eles.

Daí a importância de fazermos o **Projeto Cliente** em nossa empresa, objeto deste livro, pois venceremos pela nossa capacidade em criar relacionamentos de valor com cada um de nossos clientes.

Para isso temos de formar funcionários comprometidos com o atendimento, preocupados em suprir as necessidades dos consumidores, em encantar, em surpreender positivamente nossos clientes, transformando cada um deles em um vendedor ativo de nossa empresa, de nossa marca. Esse conjunto de excelência na prestação de serviços é que fará a empresa uma vencedora no mercado competitivo em que vivemos.

Três fatores são imprescindíveis para vencer muitos concorrentes com qualidade semelhante e preços similares. O primeiro deles é o *comprometimento*.

Os consumidores querem empresas que estejam comprometidas com o sucesso de seus clientes; os empresários querem colaboradores comprometidos com o sucesso da sua empresa; colaboradores querem chefes comprometidos com o seu sucesso pessoal e profissional. O comprometimento é um dos maiores critérios de avaliação de uma pessoa ou empresa.

Sua empresa é vista e sentida como realmente comprometida com o sucesso de seus clientes? Você, como profissional, é visto como alguém realmente comprometido com o sucesso de seus clientes e de sua empresa? Se as respostas forem negativas, preocupe-se; afinal, sem comprometimento não há sucesso neste século XXI.

O segundo fator é a *atenção aos detalhes*. Em um mundo onde se contempla muito o global, o geral e o absoluto, muitas empresas acabam esquecendo que qualquer coisa só será perfeita se as partes que a compõem forem perfeitas, ou seja, é essencial cuidar dos detalhes em tudo o que fizermos.

Não é uma surpresa quando o nosso nome está escrito corretamente em uma correspondência que recebemos? Não é uma surpresa quando tudo é detalhadamente benfeito? O que faz uma festa bonita? Não são os detalhes dos enfeites, dos arranjos, das músicas?

O terceiro critério fundamental para o sucesso é o chamado *follow up* (no sentido de seguir, acompanhar, dar seguimento). Mas o *follow up* precisa ser imediato. Isso significa que, quando a sua empresa receber um pedido de informação, orçamento ou cotação de preços, deve responder o mais rápido possível e acompanhar o processo até o final para garantir que o solicitante tenha efetivamente recebido a informação e satisfeito suas necessidades com agilidade e rapidez.

Não é uma surpresa quando determinadas atividades têm começo, meio e fim? Não é gratificante quando se tem um relatório em cima da sua mesa no tempo estimado ou quando um produto chega na data prometida? Não é uma surpresa quando a pessoa que prometeu vir prestar a assistência técnica chega exatamente no horário combinado?

Muitas pessoas têm iniciativas, porém poucas são as que terminam o que começam, são persistentes e consistentes no que fazem. Certa vez um diretor disse a um grupo de pessoas em uma reunião na qual eu estava presente: "Fulano de tal tem muita iniciativa", e as pessoas presentes emendaram: "E pouca 'acabativa'. Ela começa muitas coisas, mas não conclui nenhuma!".

Portanto, se a sua empresa e você como profissional forem comprometidos, realizarem tudo, dando atenção aos detalhes, e terminarem todas as atividades que são iniciadas, certamente farão uma grande diferença para os clientes e conseguirão vencer a concorrência.

Muitas empresas têm uma visão errônea sobre quem são seus clientes. Tratam-nos como "reis" na primeira compra e depois não se preocupam em mantê-los e reconquistá-los todos os dias. Tratam os que já compraram da empresa como ex-clientes, não mais dispensando a atenção para que sejam fidelizados. Descuidam do relacionamento com seus clientes antigos com a justificativa de que "aqueles já são meus clientes".

Nos idos de 1980, quando a concorrência começou a aumentar muito, escrevi um artigo chamado "Os desafios dos anos 90". Nele, eu dizia que, dali para a frente, "o cliente será o patrão do patrão". E como esse artigo teve uma grande repercussão à época, fizemos e vendemos muitos cartazes e faixas às empresas com os dizeres: "Aqui, o cliente é o patrão do patrão".

Quando eu visitava alguma empresa, o proprietário ou diretor faziam questão de me mostrar os cartazes e as faixas espalhados pela empresa toda com estes dizeres: "Aqui, o cliente é o patrão do patrão". No entanto, propositalmente, nessas empresas, eu pedia para utilizar o toalete da recepção ou mesmo tomar um café, e quase sempre era surpreendido com a seguinte colocação do proprietário ou diretor: "Professor, esse toalete é mais para clientes. Vamos tomar um café expresso em minha sala e lá tem um toalete mais decente para o senhor". Imediatamente eu pedia para que aquele empresário ou diretor lesse o cartaz ou a faixa onde estava escrito: "Aqui, o cliente é o patrão do patrão".

O que seria um banheiro ou um café "mais para clientes"? O cliente não é "o patrão do patrão"? Alguém oferece o pior sanitário ou o pior café para o "patrão do patrão"?

A verdade é que são raras as empresas que realmente compreenderam o momento competitivo que estamos vivendo, no qual, com efeito, o cliente é o patrão do patrão e merece ser tratado como tal de forma concreta e por meio de serviços, e não apenas de faixas e cartazes.

Da mesma forma, tenho notado que as empresas sistematicamente confundem cliente com futuro cliente. Cliente é aquela pessoa que já contrata, compra ou comprou produtos de determinada empresa ou determinado profissional liberal. É aquela pessoa que, dentre todas as marcas e empresas, escolheu você ou sua empresa para determinada compra ou contratação de serviços.

Para fidelizar clientes é preciso manter um estreito e contínuo relacionamento com eles. Infelizmente, a realidade é que as empresas fazem de tudo para conquistar clientes para uma primeira compra, e depois que ele se torna um cliente tratam-no como se estivesse no inferno...

Veja a seguir a história que me contaram e que retrata bem essa realidade:

"O sujeito morre e vai para o céu. Chegando lá, São Pedro o recepciona dizendo que, desde que trabalha no céu, aquele era o único homem que era metade bom e metade ruim e que, por esse motivo, ele poderia escolher onde ficar, no céu ou no inferno. Imediatamente, o homem respondeu que gostaria de ficar no céu. São Pedro então pediu para que ele visitasse os dois lugares antes de decidir, pois uma vez tomada a decisão não haveria mais retorno. E São Pedro insistiu para que ele visitasse o inferno, até para que ele (São Pedro) pudesse saber como era o inferno, já que quem era mandado para lá nunca retornou para contar.

O homem aceitou a sugestão de São Pedro. Visitou primeiro o céu. Lugar lindo, calmo, de um azul celestial. Sem hesitar, o homem diz a São Pedro que vai ficar no céu mesmo. São Pedro insiste para que ele conheça o inferno:

— A porta é aquela ali – disse São Pedro.

Quando o homem abriu a porta, se surpreendeu: estava tendo uma festa maravilhosa. Havia uma faixa de boas-vindas com o seu nome, uísque e salgadinhos à vontade e mais: todos os amigos dele estavam lá. Estes o abraçavam e se diziam felizes por ele ter chegado. Até mesmo o diabo servia quitutes e dava as boas-vindas!

O homem voltou para o céu e, um pouco sem jeito, disse a São Pedro:

— São Pedro, pode parecer um absurdo, mas eu vou ficar no inferno. Meus amigos estão lá; é só festa, salgadinhos, uísque; lá é um lugar muito agitado, enquanto aqui é tudo muito calmo, parado....

Calmamente, São Pedro respondeu que deixaria a seu critério, mas sugeriu que dormisse no céu para descansar e esperasse até o dia seguinte, quando então abriria a mesma porta e desceria ao inferno.

No dia seguinte, o homem acordou animado e ansioso, abriu a porta do inferno e caiu em um tanque de óleo quente! Não havia mais festa, não tinha mais faixa, todos os seus amigos sumiram; enfim, não existia mais nada do que tinha visto no dia anterior.

Ele ficou indignado, se perguntando como aquilo seria possível, se aquela era a mesma porta pela qual ele havia entrado no dia anterior. Quando o diabo veio recebê-lo, ele desesperadamente perguntou:

— Sr. Lúcifer, ontem havia aqui uma festa em minha homenagem, faixa de boas-vindas, salgadinhos, bebidas e todos os meus amigos, e hoje estou nesse tanque de óleo quente. O que aconteceu?

> Foi então que o diabo falou:
> — É que ontem, meu amigo, você era um futuro cliente a ser conquistado. Agora, você já é um cliente. E é assim que tratamos nossos clientes aqui no inferno!

É ou não é verdade que essa pequena anedota reflete com exatidão o sentimento de uma pessoa após tornar-se cliente de muitas empresas?

Lembre-se: para vencer na livre concorrência de um mercado extremamente competitivo, você tem de diferenciar sua empresa por meio do comprometimento, da atenção aos detalhes e do *follow up* imediato, terminando tudo o que começar, acompanhando, fazendo um excepcional relacionamento pós-venda. Para que tudo isso seja uma realidade em sua empresa, o **Projeto Cliente** é fundamental.

AFINAL, O QUE É
vender, hoje?

UMA DAS MELHORES DEFINIÇÕES do que seja vender, hoje, é a do Professor Oscar Manuel de Castro Ferreira. Ele afirma em suas aulas que "vender é administrar, eficazmente, as contingências de compra".

A verdade é que com muitos concorrentes, qualidade semelhante e preços similares, o cliente tem aumentado muito o seu poder. O poder migrou das mãos da empresa para as mãos dos clientes. Assim, o poder está hoje com o cliente. É ele quem compra. O vendedor pode ser excelente em técnicas de venda, mas se o cliente não quiser comprar, não comprará.

Assim, como vendedor, o que posso fazer é trabalhar todas as contingências para que o cliente faça a opção pelo meu produto ou serviço ou pela minha marca, dentre tantos concorrentes que tenho.

Trabalhar as contingências significa ter o produto no lugar certo, da forma certa, na hora certa e possibilitar o pagamento da maneira mais adequada àquele cliente etc. Contingência é o ambiente, são as condições que farão com que o cliente opte por comprar de você. Contingência é o que leva alguém a fazer alguma coisa. Há um ditado inglês que explica muito bem: "Você pode levar o cavalo até o rio, mas ele só vai beber a água se ele quiser beber". Ou seja, você tem de criar as contingências para que o cavalo beba a água, mas lembre-se de que ele só beberá a água se ele quiser.

Assim, o essencial é trabalhar no ambiente para que o cliente compre; por isso se fala tanto em como oferecer o produto, como apresentar o produto – e também por isso a importância da embalagem e da propaganda. Você tem de criar as contingências para que o cliente compre e volte a sua empresa, conseguindo a sua fidelização e transformando-o em seu vendedor ativo, como veremos neste livro, pois, por melhores vendedores que sejamos ou tenhamos, precisamos que nossos clientes vendam às pessoas de seu relacionamento nossos produtos ou serviços por meio de testemunhos favoráveis.

Para que possamos criar contingências para que o cliente compre, não podemos nos esquecer de que não há dois clientes iguais, pois não há duas pessoas iguais. Essa é a razão pela qual se fala tanto no *one--to-one* marketing ou marketing personalizado.

Também por isso insisto em dizer, e veremos muito neste livro, que vender, hoje, é mais cérebro do que músculos. Será capaz de vender para mim (ou para o seu cliente) quem souber o que eu quero, como eu quero, de que maneira eu quero, como quero pagar, como posso pagar, como quero receber, como posso receber etc., porque vender é um conjunto de ações que engloba desde a aquisição de um produto e/ou serviço até a sua entrega final ao cliente. Note, por exemplo, que, se você for um vendedor de jornal, precisa analisar de perto como está sendo feita a entrega dos jornais nas residências dos assinantes; portanto, não se trata somente "vender" o produto.

Eu estava em meu escritório e recebi um vendedor que dizia me conhecer da televisão. Ele queria me oferecer um carro pequeno de uma determinada marca. Respondi a ele que aquele carro era um veículo muito pequeno para mim e lhe perguntei se ele sabia quantos filhos eu tinha. Após a negativa do vendedor, disse a ele que eu tinha onze filhos.

O vendedor, obviamente percebendo que a oferta daquele carro pequeno não era compatível com o tamanho da minha família, passou a indicar o veículo como o mais adequado para minha esposa. Após a nova abordagem, eu disse a ele que minha esposa havia falecido.

O vendedor, surpreso com minhas respostas, pediu-me desculpas por não ter conhecimento sobre aquela informação e disse que voltaria outro dia, pois eu deveria estar ocupado. Pediu licença e já ia saindo da sala quando eu o chamei de volta e lhe disse que a história que eu havia contado não era verdadeira. Nem eu tinha onze filhos nem minha mulher havia falecido, e pedi desculpas a ele pela minha brincadeira de mau gosto.

Perguntei ao vendedor se ele sabia quantos filhos na verdade eu tinha. Perguntei se ele sabia a idade de meus filhos. Perguntei se sabia que automóvel eu ou minha mulher tínhamos. Perguntei se sabia o que eu fazia nos finais de semana. Conforme ia fazendo as perguntas, o vendedor me respondia: — Não sei, não, senhor.

Foi então que perguntei a ele quantas outras marcas concorrentes de automóvel existiam no mercado e que competiam diretamente com o que estava me oferecendo. Ele enumerou quinze modelos semelhantes!

Comentei com ele que, segundo minha secretária, aquela tinha sido a quarta vez que me procurava no escritório e eu estava sempre viajando. Ou seja, ele não telefonava sequer para saber se eu estava ou não presente.

Em seguida, perguntei a ele:

— Você acha que nos dias de hoje será capaz de me vender um automóvel sem saber quantos filhos tenho, ou seja, qual o tamanho da minha família, a idade dos meus filhos, que carro eu e a minha esposa temos, o que gostamos de fazer nos fins de semana, se viajamos muito ou pouco etc.? Sem saber o melhor dia, hora e local para me fazer uma visita de vendas?

E ele mesmo, um simples vendedor, muito simpático, me confessou sua dificuldade em vender, exatamente por falta total de planejamento e estudo de seus clientes.

Assim, vender, hoje, não é apenas sair à rua e "suar a camisa". Vender é fazer "lição de casa", é estudar clientes, é usar o que estamos discutindo e sugerindo neste livro: **Projeto Cliente**.

Lembre-se de que o *one-to-one* marketing é utilizado para cada cliente – pessoa física – e também para cada ponto de venda ou uma pessoa jurídica. De nada adianta você, vendedor, chegar a um ponto de venda e "empurrar" um produto, se naquele local esse produto não terá saída, não venderá. Não adianta você querer convencer o dono de um bar a adquirir determinada bebida, se ele não tem o poder de decisão de compra e quem decide, de fato, as compras é a esposa dele. Não procure respostas iguais para necessidades diferentes, ou seja, não acredite nas mesmas soluções para situações e realidades diferentes.

Estude seus clientes e passe a oferecer-lhes um atendimento individualizado. Jamais se esqueça de que nenhum cliente é igual ao outro e de que a ideia de atendimento generalizado é coisa do passado e uma forte característica das empresas de pouco ou nenhum sucesso. Portanto, se você pretende transformar seu cliente em seu vendedor ativo, tenha um atendimento excelente e totalmente adequado à realidade dele.

Outra postura fundamental para o sucesso de um vendedor – se realmente quiser conquistar o cliente como seu vendedor ativo e ter o seu respeito – é não falar mal da empresa onde trabalha e tampouco dos produtos e/ou serviços que comercializa.

Seja o primeiro a acreditar verdadeiramente na eficiência e nas vantagens do que você vende, e para isso conheça e estude bem seus produtos e serviços. Muitas vezes o que acontece é que nem mesmo os próprios vendedores sabem, de fato, as reais vantagens e benefícios de seus produtos. Pessoas que falam mal do seu produto perdem a credibilidade perante o cliente e, por isso, não vendem.

Veja a seguinte história:

Um sujeito disse ao outro:

— Rapaz, você lembra que eu, profissionalmente mal, não conseguia vender nada e que estava até pensando em fazer algum tipo de tratamento psicológico para ver se conseguia resolver meus problemas? E você não vê que agora eu sou outra pessoa, renasci das cinzas, estou animado, vendendo muito, trabalhando e vencendo?

O outro respondeu:

— Pois é... todo o mundo está comentando mesmo que você estava muito mal e agora se recuperou... o que aconteceu?

E o sujeito respondeu:

— Foi um cavalo que comprei. Pela manhã, abro a janela e vejo aquela maravilha de cavalo, relinchando no pasto. É uma enorme alegria. E você não acredita: quando eu chego à cozinha, ele já fez café para mim, fez um bolo...

Percebendo que o amigo não estava acreditando naquela história, o sujeito reafirmou:

— Você não lembra como eu estava antes, deprimido, doente? Não vê o meu sucesso de agora? Foi o cavalo que me salvou!

O amigo, indignado com a história sem sentido, disse:

— Você ficou louco! – e foi-se embora.

Seis meses se passaram, e o amigo que ouviu aquela história voltou para o sujeito que a havia contado e lhe disse:

— Zé, todo o mundo só fala do seu sucesso! Você agora é campeão de vendas! E agora, você não vai acreditar, quem está em uma situação difícil sou eu. Não consigo vender. Ando deprimido... Lembro que você me contou a história de seu cavalo. Você ainda tem o cavalo? Se tiver, eu quero comprá-lo para ver se ele me salva também!

O Zé, então, lhe respondeu que seria um ingrato se vendesse o cavalo que salvou a sua vida e que não faria isso por dinheiro algum, e repetiu:

— O que seria de mim sem meu cavalo! Pela manhã, abro a janela e vejo aquela maravilha de cavalo, relinchando no pasto. É uma enorme alegria. E você não acredita: quando eu chego à cozinha, ele já fez café para mim, fez um bolo...

O seu amigo insistiu muito, mas o Zé repetia a mesma história:

— O que seria de mim sem meu cavalo! Pela manhã, abro a janela e vejo aquela maravilha de cavalo, relinchando no pasto. É uma enorme alegria. E você não acredita: quando eu chego à cozinha, ele já fez café para mim, fez um bolo...

Já desesperado, o amigo lhe disse:

— Recebi uma herança e tenho um dinheiro guardado. Pago cinquenta mil reais nesse seu cavalo! Eu preciso sair da depressão em que me encontro e vejo o que o cavalo fez para você e também quero ter sucesso!

O Zé, dono do cavalo, pensou, pensou e disse:

— Por cinquenta mil reais vou ser obrigado a vender o cavalo para você – e vendeu o cavalo.

Três meses depois, o comprador, revoltado, vai até a casa do Zé e, sentindo-se enganado, o xinga de mentiroso e sem-vergonha porque na verdade o cavalo não fazia nada daquilo que ele havia falado:

— Esse seu cavalo não serve para nada! Só serve para quebrar cercas! Nem para puxar charrete ou carroça o bicho presta! Eu o deixei entrar na cozinha e ele a arrebentou toda. Agora fiquei com o desgraçado do cavalo e não sei o que faço com ele.

E o Zé, solenemente, lhe disse:

— Vou dar um conselho a você: não fale mal do cavalo, senão você não vai conseguir vendê-lo para alguém.

VENDER, HOJE,

portanto, é mais cérebro do que músculos

A GRANDE VERDADE É que vender, hoje, é mais cérebro do que músculos. Vender, hoje, é muito mais produto da informação. E informação daqui para a frente vai se tornar o grande e único "produto" de uma empresa. Para uma empresa ser capaz de vender para mim, terá de saber o que quero, como quero, onde eu quero, de que maneira quero e como posso pagar.

Além disso, a empresa terá de saber qual a importância que dou ao fator tempo. E hoje, mais do que nunca, as pessoas valorizam o tempo, e o vendedor, para ter sucesso, tem de fazer um estudo do cliente, uma "lição de casa" ou o que chamamos de "pré-venda", objeto deste livro e do **Projeto Cliente**.

E o que é pré-venda?

Como o próprio nome diz, é aquilo que você faz antes da venda. Você hoje tem de pesquisar e estudar para saber quem é aquele cliente, o que ele quer, como quer, onde quer e como pode e deseja pagar. Se o cliente for uma pessoa jurídica, tem de saber o que aquela empresa faz, quem são os concorrentes dela, que produtos fabrica, como fabrica, qual a participação dela no mercado. Tudo isso antes de fazer a visita de vendas. Na verdade, você deve saber o máximo que puder sobre aquele cliente ou *prospect*, a ponto de chegar ao cliente com a venda feita em sua mente.

Além de estudar os clientes, na pré-venda você deve estudar, com profundidade, os produtos que você vende. Para isso, você tem de estudar e conhecer profundamente o seu produto, quais seus possíveis usos, o que os clientes fazem com ele, o que na verdade os concorrentes dizem sobre o seu produto.

Além dos produtos, você tem de saber, no seu ramo de negócio, qual a tendência do mercado, para onde esse mercado vai, o que as pessoas irão querer daqui a alguns anos, o que a ciência ou a tecnologia estão começando a pesquisar ou a oferecer com relação a seu negócio e que ainda não se transformou em produtos, mas que daqui a dois, três ou quatro anos poderá se transformar.

É por isso que digo que vender, hoje, é mais cérebro do que músculos. Isso significa que vender, hoje, é produto de inteligência. No passado, dizíamos a um vendedor: "Saia na rua para vender, 'malhando' quem aparecer pela frente. Você tem de sair na rua, gastar a sola do seu sapato...".

Será que vender, hoje, é "sair malhando clientes na rua"? Será que mesmo um vendedor de balcão, de um varejo ou de uma loja, não precisa ter uma perspicácia muito maior do que antes? Saber fazer as perguntas certas para aquele cliente, para que, por meio delas, possa entender e captar o que o cliente realmente quer e não consegue verbalizar, para que possa surpreender e encantar aquele cliente? O mundo mudou. As vendas mudaram.

Hoje, você não deve saber apenas sobre o seu produto. Isso, na verdade, é uma obrigação. Você tem de conhecer o seu produto *profundamente*, e não só o seu produto, mas o ramo ou setor em que você trabalha, os concorrentes que tem, os modelos existentes no mercado e que sua empresa não tem ou não produz. Você tem de saber o que seus concorrentes produzem e oferecem, porque o seu cliente, com certeza, vai questionar e pedir que você compare as vantagens de seu produto em relação ao dos concorrentes.

Assim, se você for fazer uma visita de vendas ao Paulo, por exemplo, que é um diretor da empresa XYZ, além de saber o máximo possível sobre ele – quem é, o que faz, com quem é casado, quantos filhos tem e o que ele faz nos finais de semana etc. –, você tem de saber o máximo que puder sobre a empresa que ele dirige.

Você poderá perguntar: como vou obter essas informações?

Obter informações de uma empresa, hoje, é muito fácil. Você pode entrar no *site* da empresa, ou em um *site* de busca, digitar o nome da empresa e, com certeza, obterá uma série de lugares onde essa empresa é citada na internet e, então, irá estudar essas informações. Pesquise também artigos que falam sobre o produto que aquela empresa fabrica ou comercializa. Você conhecerá as opiniões, saberá de futuros lançamentos etc.

Acredite: você não vai perder tempo, você vai ganhar tempo fazendo essa lição de casa. E se, por acaso, você não gosta de estudar e pesquisar, a verdade é que vai ter de aprender a gostar, se quiser ter sucesso como um profissional de vendas.

O que eu noto é que muitos vendedores ainda estão nos anos 70 ou 80. Não entendem como funcionam as vendas atualmente, por isso não conseguem vender.

Para vender um automóvel, hoje, é interessante saber qual é a empresa em que aquele cliente trabalha. Para você vender qualquer coisa, uma apólice de seguro, uma cota de consórcio, é importante saber, por exemplo, qual matéria aquele professor leciona, em qual universidade. É também importante saber como é essa universidade. Se for famosa, deve ser difícil ser professor lá e, se ele é professor lá, deve ser porque é uma pessoa mais preparada que as demais e então você terá de ter argumentos mais sólidos para vender a ele alguma coisa. Logo, deve se preparar melhor, desenvolver argumentos mais adequados à realidade daquele cliente.

Assim, por exemplo, quando você estiver em sua empresa e receber um telefonema de alguém pedindo um orçamento, uma cotação de preços, procure saber o nome da empresa, pesquise na internet, veja se ela é grande ou pequena, o que dizem dela, que produtos tem. Tudo isso para que você não trate maçãs como laranjas, ou seja, lembre-se de que cada cliente é um cliente diferente. Às vezes você pode estar tratando um cliente enorme como se fosse pequeno e perder a venda.

Um corretor de imóveis, de Campos do Jordão, me contou que estava oferecendo um imóvel para um casal que parecia muito simples. Dada a simplicidade do casal, ele mostrou apartamentos e casas de valores menores, bem baratos, e observou que o casal não se interessava por nenhum dos imóveis oferecidos. Eles simplesmente diziam que não era bem isso que estavam procurando. Quando o corretor acompanhou o casal até a porta da imobiliária, viu-o dirigir-se a um Mercedes-Benz último modelo.

O próprio vendedor me disse que havia sido traído pela simplicidade do casal, oferecendo imóveis pequenos e baratos. Perdi a venda, disse ele, por não fazer as perguntas corretas sobre as preferências e necessidades daquele casal.

Em uma reunião que fiz com vendedores, pedi a eles que dissessem quem deles seria capaz de responder às seguintes perguntas sobre um cliente, antes mesmo de entrar em contato com ele:

1. Quem é o cliente ou *prospect*? (Quem é a pessoa com quem você irá falar?)

2. Qual é a sua empresa? (Onde a pessoa com quem você irá falar trabalha?)

3. O que a empresa em que ele trabalha faz? (Repare que as pessoas costumam identificar apenas o nome da empresa, mas o que ela produz ou comercializa? É grande? Pequena?)

4. Quais são os produtos "carros-chefe" daquela empresa? (Sabendo o que a empresa faz, qual é o produto e/ou serviço mais vendido ou produzido?)

5. Qual é a posição, o cargo ou a função daquela pessoa na empresa? (Não só o cargo em si, mas qual é o poder de influência dessa pessoa na empresa e nas decisões de compra, por exemplo?)

6. Quem são os principais concorrentes daquela empresa? (Empresas, marcas, produtos, serviços etc.)

7. Qual é o *ranking* dessa empresa no mercado?

8. Quem influencia as decisões daquela pessoa? (Ela é o gerente, dono da loja tal, será que não são as pessoas do clube de serviços, amigos que o influenciam?)

9. A que clube essa pessoa pertence? Quais os seus *hobbies*? (Você já reparou que pescadores só falam de pescarias? Você já observou que praticantes de aeromodelismo só falam de aviões? Cuidado para não ficar conversando sobre tênis com uma pessoa que só pratica hipismo!)

10. Sobre o que essa pessoa gosta de conversar?

11. Essa pessoa tem família? É casada? Solteira? Viúva? Tem filhos? Netos? Quantos?

12. Essa pessoa já experimentou seu produto? Você está vendendo um outro produto como reposição ao antigo?

13. Se já tem o seu produto, quando comprou? Como comprou? Onde comprou? Como pagou?

14. Se não tem o seu produto, tem um produto similar da concorrência? Se tem, como comprou? Onde comprou? Como pagou?

15. Como você deve iniciar uma conversa com essa pessoa? (Procure coisas em comum, atividades que você já tenha feito e sabe que o cliente também realizou.)

16. Ele é tolerante ou impaciente? Você poderá ter uma conversa ou entrevista mais longa ou mais curta com essa pessoa? (Existem pessoas que são impacientes, enquanto outras preferem tudo da forma mais calma, tranquila.)

Note que é exatamente isso que quero dizer quando falo que vender, hoje, é mais cérebro do que músculos. É fazer um completo diagnóstico de quem é o seu cliente ou futuro cliente (*prospect*) e saber exatamente como irá abordá-lo. Quanto mais informação você tiver, mais a sua venda estará garantida. Quando tiver informações sobre o cliente e souber utilizá-las de forma apropriada, você fará com que ele pense: "É exatamente o que queria e nem mesmo eu sabia que queria", e assim a venda será fechada.

O VENDEDOR
líder

TODO VENDEDOR DEVE SER um líder. Se ele não liderar o processo de venda, será conduzido pelo cliente e acabará "comprando" os argumentos dele e não vendendo os seus.

Muitos vendedores me perguntam: Como conseguir vender, se os clientes só choram? Mais pareço um psicólogo, ouvindo as lamúrias de meus clientes que dizem que estão na pior crise do mundo, disse-me um vendedor. Como enfrentar as objeções de compra que os clientes têm? Parece que os clientes já estão mais treinados do que nós, vendedores, em contra-argumentar, disse-me outro.

E mais um outro, então, me disse: "Professor, em vez de vender, eu acabo comprando as desgraças das minhas clientes que ficam chorando e falando de seus maridos, filhos, genros, noras. Não sei como sair dessas conversas e acabo não vendendo. Como sair de uma situação dessas?"

A verdade é que o vendedor tem de liderar.

Mas preste muita atenção no que quero dizer. Líder, segundo o ex-presidente norte-americano Dwight

Eisenhower, é aquele que consegue fazer com que as pessoas façam aquilo que elas mais querem fazer.

O que o ex-presidente americano queria realmente dizer com essa sua definição é que o líder conhece de tal maneira seus liderados, seus anseios, suas necessidades, suas aspirações, seus desejos, que consegue saber exatamente seus pontos fortes e seus pontos fracos e, conhecendo esses pontos fortes, os valoriza e os utiliza em favor de uma causa. Daí a ideia de que o liderado fará aquilo que mais quer fazer, pois estará fazendo o que o levará à sua própria satisfação.

É por isso que digo que o vendedor tem de ser um líder. O vendedor líder é aquele que, conhecendo bem o seu cliente, vai oferecer a ele da maneira certa, na hora certa, no lugar certo, o produto ou serviço que vai transformá-lo na pessoa feliz que ele quer ser. Aquele bem ou serviço vai, na verdade, ser um ponto a mais para realizar um desejo ou mesmo um sonho daquela pessoa. É para isso que o vendedor deve liderar a venda. O melhor líder é aquele que ouve, para conhecer cada vez mais o seu liderado.

Ninguém compra um produto ou serviço, mas sim a realização de um desejo, de uma necessidade. Quando o vendedor lidera, ele conduz seu cliente à realização desse desejo ou necessidade.

Assim, o vendedor líder, em primeiro lugar, é aquele que ouve e faz as perguntas certas para conhecer melhor o seu cliente. Ouve, perguntando, e, como eu sempre digo, ouve "agressivamente", ou seja, prestando enorme atenção ao que o cliente está dizendo. Há pessoas que falam agressivamente. O líder "ouve agressivamente", com sentimento de escutar, de prestar atenção. Ele ouve para conhecer bem as necessidades, os desejos e anseios daquele cliente.

Dessa forma, o vendedor líder será capaz de oferecer aquele produto ou serviço em uma condição de prestador de serviços, de um intermediário entre a vontade do comprador e o produto ou serviço.

Quando se fala em líder, o que imaginamos? Uma pessoa que tem a autoestima elevada. O vendedor líder, portanto, é aquele que tem uma autoconfiança lá em cima, que vem da sua crença de que está ali para fazer aquele cliente mais feliz, satisfazer uma necessidade, um desejo. Na verdade, ele não está ali apenas para ganhar uma comissão sobre uma simples venda. Não! O seu ganho é uma consequência do trabalho maravilhoso que ele faz como um vendedor líder.

É preciso, portanto, que o vendedor tire de sua cabeça qualquer ideia de que esteja solicitando um favor, se subjugando, se humilhando, pedindo para alguém comprar seu produto ou serviço.

Por isso, o vendedor líder tem de estudar muito bem o seu produto ou serviço e ainda mais as pessoas para quem deseja vender. E, como líder, deve saber que nem todas as pessoas serão seus clientes, pois há pessoas para quem seu produto ou serviço não são adequados. O vendedor líder entende essa realidade e não fica ansioso quando perde uma venda. Ele deve entender que aquele cliente talvez não se tornasse mais feliz e por isso não comprou.

Mesmo que o cliente não tenha comprado, você deve agradecer a ele o tempo que cedeu, a disposição por ter ouvido você ao expor as vantagens do seu produto, do seu serviço e dizer a ele que talvez aquele produto não seja o mais adequado às suas necessidades, aos seus desejos. Lembre-se de que você é um líder e sabe tratar bem as pessoas.

Por isso, estudar bem o seu produto ou serviço é fundamental. Estudando o produto ou serviço, você poderá imaginar quais clientes você pode liderar para que satisfaçam seus desejos e sejam mais felizes.

Entendendo bem seu produto ou serviço e quais clientes deve buscar, você fará vendas melhores e sua autoestima se elevará com seu próprio sucesso, que será medido pela felicidade de seus clientes.

O vendedor líder é aquele comprometido com o sucesso dos seus clientes por meio de um produto ou serviço que está disponibilizando para aquela pessoa. É por isso que só um vendedor líder pode ter sucesso. Ele não comprará os argumentos negativos de seus clientes.

Sendo líder, algumas coisas são importantes:

- tem de vestir-se bem, não pode andar de qualquer jeito; tem de ser uma pessoa agradável, educada, afinal, ele é um líder;
- tem de cumprir horários e prazos. Um líder verdadeiro presta atenção a isso;
- tem de se valorizar. Um líder não fica horas e horas em uma sala de espera como se ele não tivesse mais o que fazer. Ele precisa dar valor a si mesmo. Por isso, o líder marca seus compromissos com antecedência e planeja seu dia, sua semana e seu mês. Os líderes fazem bom uso de uma agenda de compromissos;
- tem de ser assertivo, no sentido de ir direto ao ponto, falar as coisas diretamente, não ser prolixo, não querer falar difícil demais. Todo líder é simples e direto e dá às pessoas a sensação de que, com ele, ganham tempo.

Pense em você como líder. Pense que é você quem deve liderar. Lembre-se disso: só o vendedor líder é que pode ter sucesso, e líder é aquele que faz com que as pessoas o acompanhem espontaneamente. Você não vai "chefiar" a venda, você vai liderar.

A essência do vendedor líder é que ele acredita fortemente que a sua função é se comprometer com o sucesso dos seus liderados. O líder está a serviço dos seus liderados e você, como vendedor líder, deve entender que a sua profissão de vendas é uma profissão espetacular, é uma profissão de servir, pois, por meio de um produto ou serviço, você pode contribuir para a satisfação de uma necessidade ou mesmo de um desejo daquela pessoa.

É por tudo isso que só o vendedor líder pode ter sucesso no mundo de hoje.

VENDER É
todo dia começar do zero: Como viver motivado para vender?

VENDER É COMEÇAR TODO dia do zero. A venda que você fez ontem é um sucesso passado. Todos os meses você tem de começar a cumprir a sua quota mensal, toda semana a sua quota semanal, todos os dias a sua quota diária, do zero.

Para que tenhamos motivação para começar do zero todos os dias e ter essa força interior para começar, temos de desenvolver alguns mecanismos mentais que sempre observei nos vendedores de sucesso e mesmo entre os primitivos que estudei, os aborígines australianos.

Vender é como caçar e pescar entre os primitivos. Precisa começar do zero todo dia, todo dia você caça ou pesca. Qualquer primitivo sabe que a pesca de ontem não dará o peixe de hoje.

Como é que os primitivos fazem uma caçada? Vou explicar isso porque, se você, vendedor, não acordar de manhã já sabendo exatamente o que vai fazer, com tudo absolutamente delineado e planejado em sua cabeça, não há força que consiga levantar você da cama para ir vender.

É, portanto, fundamental que na noite anterior, antes de dormir, você planeje as suas vendas do dia seguinte. Se você não acordar já com aquele cliente na cabeça, ou se você não tiver passado a noite com o seu subconsciente trabalhando esse cliente, os argumentos da venda, as objeções que ele possa fazer, pensando nas respostas que você vai dar e tudo isso, não há guindaste que levante você de manhã com entusiasmo, com vontade.

Na noite anterior a uma caçada, os primitivos fazem uma dança. Nessa dança, uma parte do grupo que vai caçar no dia seguinte faz o papel da caça, imitando o animal a ser caçado em seus mínimos detalhes, e a outra parte faz o papel dos caçadores, imitando exatamente o que os caçadores fazem durante uma caçada.

A certa altura da dança, os que estão imitando o animal a ser caçado se escondem na mata, nos arredores da aldeia, e os que estão fazendo o papel dos caçadores saem à procura dos que estão imitando os animais e os aprisionam.

Quando os caçadores aprisionam os que imitam a caça, comemoram! Em seguida, desenham os animais nas pedras, cavernas ou cascas de árvores. Dividem ritualmente a caça entre os clãs da tribo.

Depois, vão dormir.

No dia seguinte – o dia da caça propriamente dito –, eles acordam com o raiar do sol e, acreditam, vão apenas apanhar o animal que já caçaram, na dança, na noite anterior.

A dança da caça, na verdade, é uma espécie de planejamento do que vai ser feito no dia seguinte. É o treinamento dos caçadores. Quando faço o papel da caça, do animal, estou treinando e me preparando para a caçada.

No dia seguinte, eles levantam alegres, felizes, porque vão apenas apanhar o animal que já caçaram! É nisso que acreditam. Então, não há tensão, não há ansiedade. Eu perguntava a eles: "E se não conseguirmos caçar?". Eles respondiam: "Às vezes, o animal se esconde, demora um pouco para encontrá-lo, mas com certeza o acharemos. Nós já o caçamos ontem; hoje é só encontrá-lo e aprisioná-lo".

Como podemos aplicar essa lição dos primitivos em nossas vendas?

Se você que trabalha com vendas fizer esse tipo de exercício: na noite anterior, tomar a relação das visitas que vai fazer no dia seguinte, analisar cada um desses clientes, pensar quem são eles, o que fazem, do que gostam, quem influencia a compra deles, as decisões deles etc., e dormir pensando em seus clientes, com quem falará primeiro, enfim, se você se imaginar "caçando", chegando à empresa do cliente, fazendo as perguntas certas a ele, quando você acordar no dia seguinte, estará preparado para concretizar aquele pensamento, para concretizar aquilo que o seu subconsciente já trabalhou a noite inteira; enfim, para concretizar a venda.

Então, se você sabe que vender é começar todo dia do zero, você tem de projetar, antecipadamente, a sua venda em sua mente.

Santo Inácio de Loyola, o fundador da Ordem dos Jesuítas, em seu livro *Exercícios Espirituais*, colocou um postulado que diz: "Durma com bons pensamentos". Nunca durma com pensamentos negativos, mas sempre com pensamentos positivos e, com isso, no dia seguinte, você acordará mais leve, feliz e pronto para o trabalho.

Da mesma maneira é o homem primitivo. Ele planeja o dia seguinte em sua mente para acordar disposto e motivado para a necessária ação que terá de realizar.

Tão importante quanto a pré-venda ou o seu planejamento é a pós-venda, ou seja, aquilo que você fará depois que o negócio for fechado.

Joe Girard[1] afirma que "a venda começa verdadeiramente depois da venda". Depois que você concluiu a venda, faça um pós-venda para valer. Esteja permanentemente em contato com aqueles clientes que já compraram de você e terá uma grande surpresa. Eles vão indicar você a outras pessoas, vão lhe sugerir o nome de pessoas para você procurar e vender para elas.

Lembre-se de que vender é consequência de bons relacionamentos, é produto da sua capacidade de estar nos lugares certos, na hora certa, com as pessoas certas.

Como um vendedor começa do zero todos os dias, ele tem de lembrar que é um profissional de vendas vinte e quatro horas por dia, pois deve estar sempre pensando e preparando suas vendas, seja onde for; deve estar buscando oportunidades, não para vender, mas para fazer contatos, conhecer pessoas, relacionar-se. A venda será sempre uma consequência de sua atitude de pesquisa, observação e relacionamento.

A verdade é que os maiores vendedores do mundo não se preocupam em "vender": eles se ocupam em conhecer pessoas, manter bons relacionamentos, exatamente porque os vendedores de sucesso sabem que vender, hoje, é mais cérebro do que músculos.

---

[1] O norte-americano Joe Girard (nascido em 1.º de novembro de 1928, em Detroit, Michigan) é reconhecido pelo *Guinness Book* como o mais bem-sucedido vendedor.

Já que vender é começar todo dia do zero, você deve compreender que o sucesso em vendas é como uma escada que você tem de subir, degrau por degrau. Você tem de ter uma força de vontade muito grande e muita disciplina.

Disciplina é o que mais deve ter um profissional de vendas, principalmente aquele que vai à rua em busca do cliente e não tem ninguém para supervisionar seus passos o dia todo.

O vendedor indisciplinado tem muita chance de enganar a si próprio. Ele terá sempre muitas oportunidades de parar num bar, de visitar um cliente que sabe estar viajando, ou seja, de se iludir, acreditando que está trabalhando com seriedade.

Para o vendedor que entende e sabe que vender é todo dia começar do zero, não há valor maior que o tempo. Se há alguma profissão em que o tempo seja dinheiro, essa profissão é a de vendedor. Cada minuto é um minuto de oportunidade, de realização de um negócio, de conhecimento de uma pessoa, de indicação de um terceiro. E se o vendedor não tiver uma disciplina muito forte de administração do seu tempo, ele começará todos os dias do zero e os terminará igualmente no zero. Essa disciplina significa fazer a coisa certa na hora certa, apesar do desejo de fazer uma coisa diferente.

No mercado competitivo de hoje, não há espaço para um simples vendedor. Só há lugar para "profissionais de vendas". E, como vender é começar todo dia do zero, você precisa aumentar sua capacidade profissional todos os dias.

Vender é começar do zero realmente, mas você precisa usar a inteligência e dominar a vontade para poder começar do zero todo dia. E, repito, você tem de lembrar que é preciso fazer a lição de casa diariamente.

Se você quiser ter sucesso como um profissional de vendas, conheça os produtos com os quais trabalha com certa profundidade e, conhecendo-os, pergunte ao seu supervisor ou ao seu gerente para quem aqueles produtos são mais úteis; verifique, entre os atuais clientes, quem os compram; telefone para eles perguntando que uso fazem daqueles produtos, para que você passe a entender melhor o seu mercado e, compreendendo o mercado, escolha aqueles clientes que mais se adaptam aos seus produtos ou serviços.

Em seguida, não se esqueça, faça a lição de casa, faça um **Projeto Cliente** como ensino neste livro; estude aquele cliente, quem é ele, do que gosta, o que quer, como quer, quando quer, quem compra, quem influencia a vida dele, como é o seu negócio, se é pequeno, grande, médio, onde está estabelecido etc.; enfim, conheça a realidade dele e vá com a "venda feita". Surpreenda o cliente com tudo o que você sabe do produto, do negócio dele, do ramo e do setor em que atua, e dele especificamente. Assim, você poderá antecipar um desejo de seu cliente. Você se apresentará como um provedor de soluções. Não dará a ele a sensação de que está querendo vender, que está querendo "colocar a mão no bolso dele".

Se você fizer isso, principalmente trabalhar com planejamento e fizer o **Projeto Cliente**, planejar suas vendas, escrever seus objetivos e metas e como irá atingi-los, verá que é possível ter muito sucesso.

Lembre-se, também, de que seu foco não é o seu cliente. O seu foco deve ser o foco de seu cliente. Você existe, como um profissional de vendas, para solucionar os problemas de seus clientes, antecipar os desejos deles.

Vender não é fácil. Vivemos em um mercado competitivo com muitos concorrentes, qualidade dos produtos semelhantes, preços mais ou menos iguais. O cliente tem muitas opções e você, profissional de vendas e não um simples vendedor, tem de começar do zero todos os dias.

Acredite que você vencerá, à medida que se preparar, que planejar, não só sua venda, mas a si mesmo, para ser um verdadeiro profissional de vendas. Utilize, pois, todos os mecanismos de conhecimento e de sabedoria para poder enfrentar esse desafio de começar do zero todos os dias.

A ARTE DE
saber perguntar em vendas[1]

UMA PESSOA É AVALIADA como "inteligente" menos pelas respostas que é capaz de dar que pela qualidade das perguntas que é capaz de fazer. Saber perguntar é fundamental. Repare que você respeita mais uma pessoa quando ela pergunta bem, faz perguntas inteligentes. E, em vendas, saber perguntar é fundamental.

Como digo à exaustão, temos muitos concorrentes, com qualidade semelhante e preços similares, e o vendedor precisa saber, exatamente, o que o cliente quer, não só para satisfazê-lo, mas, principalmente, para saber como surpreendê-lo e encantá-lo, indo além do que ele esperava que você fosse capaz de fazer por ele por meio de seu produto ou serviço. Perguntando para saber o que o seu cliente realmente quer, você pode imaginar e criar momentos mágicos para ele.

O grande problema é que os vendedores, em sua maioria, são treinados para falar e não para ouvir. Eles querem

---

[1] Este capítulo já foi publicado em meu livro *Desmistificando a Motivação – no trabalho e na vida*, também da editora HARBRA, e está sendo reproduzido aqui pela relevância do tema.

expor os seus produtos ou serviços e não têm a disciplina e a habilidade de ouvir, e, principalmente, de perguntar.

Perguntar em vendas é mais importante do que falar. Todo vendedor sabe que um produto não é um produto em si. É um meio para satisfazer uma necessidade do cliente. O vendedor de sucesso não pode só entender e saber tudo sobre os produtos que vende. Deve, também, saber quais as necessidades e os desejos que poderão ser atendidos por meio de seu produto ou serviço. Além de satisfazer, ele deve antecipar as necessidades de seus clientes. E isso o vendedor só consegue fazer com perguntas certas.

Com perguntas inteligentes, o vendedor será capaz de planejar a forma de apresentar o seu produto ou o seu serviço da maneira mais eficaz. Um vendedor de automóveis, por exemplo, não está vendendo um veículo ou uma simples condução para aquele cliente. (Todos os carros conduzem, todos os carros rodam...) Na verdade, um vendedor de automóveis está vendendo o prestígio, o *status* ou a funcionalidade embutidos naquele veículo. Ele está vendendo uma oportunidade para o cliente "publicar" para a sociedade a seguinte frase: "Vejam como sou um sucesso". Por intermédio do carro, ele vai mostrar que venceu na vida e foi capaz de adquirir aquele veículo, sinônimo de *status*.

O vendedor de sucesso, portanto, deve perguntar para aquele cliente o que o motiva na compra de um veículo, quais as razões por trás da própria razão e para quem ele gostaria de mostrar que venceu na vida. Descobrindo as razões, o vendedor usará os argumentos e as palavras certas para apontar no automóvel as coisas que reforçam os motivos do cliente.

Vamos pensar no caso da venda de uma casa ou um apartamento, por exemplo. Não adianta você querer vender um apartamento como se fosse um simples abrigo. Todas as casas e apartamentos abrigam. Note que a pessoa quer um apartamento naquela rua, por quê? Porque naquela rua mora o Fulano de Tal que ela tem como modelo, como ídolo. As pessoas sentem prazer em dizer: "Eu moro na mesma rua da artista tal; eu moro na mesma rua do político tal". Assim, você pode dar mil explicações, que o outro apartamento é muito melhor, mais barato e fica a três quadras dali. Não vai resolver o problema do cliente, que quer morar naquela rua.

Se você souber perguntar e tiver a paciência de ouvir, fará melhores vendas porque vai trabalhar o desejo e o sonho daquela pessoa. Saiba que um vendedor não vende bens, ele vende sonhos, sonhos concretizados. Veja o que acontece com corretores de imóveis. Uma pessoa compra, talvez, no máximo, três imóveis na vida, para ela própria. Comprar um imóvel próprio é uma escolha muito delicada, não é uma compra de impulso. Se o corretor de imóveis não perguntar, se for ansioso demais, vai perder a venda pela sua ansiedade. Quando o corretor ou vendedor quer descobrir os motivos com a pura intenção de tornar aquele cliente mais feliz, quando ele quer saber exatamente como é a família do cliente, como vive e o que mais gosta de fazer nos finais de semana, a venda será facilitada.

Mas faça perguntas genuínas! Não faça perguntas que não tenham nenhuma correlação com a venda e compra. Com suas perguntas, não vá deixar o cliente com a sensação de estar sendo invadido em sua privacidade. Você tem de perguntar quantas pessoas moram com a família, se muitas outras pessoas frequentam a casa, entre outras informações necessárias. Tudo depende da forma como se pergunta.

Veja alguns exemplos. Um cliente está com um problema na família. Talvez ele queira comprar um carro novo para desviar a atenção das brigas familiares e ter a desculpa de passear com sua mulher e seus filhos no final de semana em seu carro novo. Talvez ele queira comprar um apartamento na praia para ver se salva o seu casamento. Não é o apartamento na praia que ele realmente deseja. Ele quer realizar um antigo desejo de sua esposa. Talvez queira recuperar antigos amigos que perdeu, e sente que, para isso, precisa de um bem ou de um serviço que você, vendedor, vai possibilitar. Assim, se você souber perguntar, se descobrir exatamente do que ele necessita – e nem sempre pode dizer –, você não só venderá alguma coisa, mas prestará um enorme serviço àquela pessoa.

Lembre-se, o tempo todo, de que você, como vendedor, existe para realizar um sonho, para concretizar um ideal, para ajudar aquele cliente a atingir o que ele mais deseja. Mas, para que isso ocorra, você precisará descobrir qual é esse sonho. Ele não vai dizer a você. Você terá de fazer essa descoberta por meio de perguntas inteligentes. Esse é o grande segredo de grandes vendedores. Pense nisso.

A ARTE DE
"fechar" vendas[1]

A FASE MAIS IMPORTANTE de uma venda é seu fechamento ou finalização. Há vendedores que se apresentam bem e são peritos ao mostrar seus produtos ou serviços. Eles falam bem, sabem muito, mas não conseguem sair com o pedido assinado. Ou melhor, não conseguem concluir a venda.

É preciso que o vendedor escute com atenção. Ele tem de ouvir o que o cliente está falando e fazer perguntas para descobrir o que se chama de "sinais de compra". Esses sinais são coisas que o cliente diz, involuntariamente, e o vendedor, pela sua experiência, sabe que o cliente já comprou. O momento certo é quando, na cabeça do comprador, deixaram de existir alguns obstáculos e ele passa a sinalizar para você a decisão de comprar.

Por exemplo, um cliente está vendo um apartamento para comprar e faz muitas perguntas ao vende-

---

[1] Este capítulo já foi publicado em meu livro *Desmistificando a Motivação – no trabalho e na vida*, também da editora HARBRA, e está sendo reproduzido aqui pela relevância do tema.

dor. Mas você deve prestar atenção aos sinais de compra. Quando ele perguntar: "Esta porta pode ser mudada daqui para ali¿", é porque já tomou a decisão de comprar. Ele não está mais fazendo objeções em relação à compra do apartamento. Ele já está querendo saber como mudar a porta! Quando a mulher pergunta se ali cabe determinada coisa ou se ela pode fazer uma mudança de cor, é porque ela já decidiu comprar. É a hora certa de fechar a venda. Mas há vendedores que, desatentos aos sinais, "reabrem" a venda nessa hora.

Um vendedor de automóveis me explicou que, quando o cliente pergunta se tem uma determinada cor, quer dizer que já comprou, porque não está mais discutindo o automóvel e suas características. Ele já está escolhendo a cor. Se você não fechar o negócio naquele momento, poderá perder a venda que já estava feita.

Assim, fechar vendas é uma arte e uma técnica que nem todos os vendedores conhecem/dominam. Boa parte dos vendedores, em vez de fechar uma venda no momento certo, impede o cliente de comprar. Certa vez, em uma imobiliária, o cliente adorou uma casa e o corretor, em vez de vender a casa que o cliente queria, dizia: "Mas o senhor não conhece as outras, nós temos uma outra melhor que esta!", desviando a atenção do cliente para outra casa. E quando o cliente dizia: "Esta outra é bonita mesmo, mas eu gostei mais daquela primeira!", o vendedor não fechava o negócio e ainda mostrava outras casas. O que aconteceu foi que ele perdeu as "duas" vendas. Não vendeu porque colocou dúvidas na cabeça daquele comprador em relação ao imóvel que ele já queria!

Quando o vendedor coloca dúvidas na cabeça do cliente, ele não fecha a venda. Ele abre a venda. Por exemplo, quando a pessoa quer comprar um determinado carro e o vendedor diz: "Se eu fosse o senhor, não levaria o automático, o automático dá muito problema". Mas e se o sonho do cliente é ter um carro automático, o vendedor vai dizer que o automático dá muito problema!¿! "Mas dá problema por quê¿", pergunta o cliente. "Não, só estou falando, porque eu não gosto de carro automático", diz o vendedor. Perceba a situação patética. O vendedor tem todo o direito de não gostar de carro automático. Assim como seu cliente tem todo o direito de gostar e querer um automático!

Todo vendedor precisa entender que é muito difícil uma pessoa comum dizer a um vendedor: "Eu quero comprar este. O senhor fique quieto e pare de me amolar que é este que eu quero". Geralmente o cliente fica ansioso na frente do vendedor e se este não conseguir perceber o sinal de compra no momento exato, a venda poderá não acontecer.

Certo dia, saí a campo com um vendedor de fertilizantes. Depois de apresentar o produto, o fazendeiro perguntou: "Vocês me entregam quando?". Quando ouvi o fazendeiro fazer aquela pergunta, logo percebi que ele já havia decidido comprar. Era a hora exata de fechar a venda. Mas o vendedor que estava comigo respondeu: "Podemos entregar o dia que o senhor quiser". Em seguida, o fazendeiro perguntou: "Vocês podem descarregar os fertilizantes diretamente no meu barracão das duas fazendas?". E o vendedor respondeu: "Podemos, sim. Descarregamos onde o senhor quiser". E, por mais inacreditável que possa parecer, o vendedor continuou dizendo: "Então o senhor dá uma pensada, e me liga quando decidir se vai comprar". E saímos sem vender...

Eu pensei comigo: esse vendedor não quer vender! O cliente deu todos os sinais de compra e o vendedor continuou mandando ele pensar. Essas coisas acontecem todos os dias. Quando a pessoa pergunta se você aceita cartão, por exemplo, é porque ela já comprou o produto. Agora é a hora de pegar a assinatura, fazer o contrato e falar: "Entregaremos para o senhor na segunda-feira".

Se você não for uma pessoa pró-ativa no processo de vendas, você vai ficar enrolando o cliente e não venderá. Outros venderão para seus clientes. Quando você não sabe fechar uma venda, os outros fecham as vendas feitas por você. Por que isso acontece? Porque você argumentou, convenceu, só não soube fechar a venda. Você deixou o cliente pronto para que um bom "fechador" de vendas ganhe a comissão que deveria ser sua.

Em uma agência de viagens, por exemplo, se a pessoa pergunta: "Tem um grupo igual a esse em fevereiro?", é porque ela já comprou o pacote, só está discutindo a data. Outra coisa: facilite o fechamento da venda para o seu cliente. Diga que é possível, não comece a procurar pelo em ovo. Primeiro feche a venda, em seguida vá atrás dos documentos, das cópias necessárias, e resolva depois alguns problemas que possam surgir.

Como antropólogo empresarial, vou ao mercado com muitos vendedores. Procuro observá-los em entrevistas de venda. A primeira coisa que noto é a ansiedade do vendedor, que não ouve o que o cliente está falando e, por isso, não percebe os sinais de compra. Eu, ali sentado, percebo um milhão de sinais e o vendedor (que não presta atenção) não percebe nada. Admiro um bom vendedor. Vejo que, quando eles fecham uma venda, elogiam seus clientes. Elogiam muito o fato de eles terem comprado aquele produto ou serviço e afirmam que eles ficarão muito felizes e satisfeitos. Em seguida, mudam de assunto, para que não haja a possibilidade de a venda ser reaberta. Assim, quando fechar a venda, elogie e mude de assunto, dizem os bons vendedores. Comemore com ele, tome um café, haja como se fosse um fato consumado. Certa vez, um famoso vendedor americano me contou: "Quanto mais rápido você fechar, menos sentimento de culpa o comprador vai ter. Fechando logo a venda, você já tira a culpa que o comprador poderia sentir por gastar aquele dinheiro em uma coisa que talvez não seja essencial, um perfume, por exemplo".

Gerentes de banco vendem planos de previdência privada. Há muitos anos eu vinha sendo assediado por vários gerentes para fazer planos de previdência para meus filhos. "O senhor não quer fazer¿ É bom para a sua família." Eu concordava com eles, mas explicava que, no momento, estava com outras prioridades. Um dia, uma gerente de banco procurou-me com todas as propostas preenchidas: nome dos filhos, endereço, identidades, e outros detalhes. Até a prestação estava definida. Só faltava a minha assinatura. "Olha, eu estive pensando nos filhos do senhor, e fiz esta proposta, é só o senhor assinar." Quando vi tudo já preenchido e pronto, perguntei: "Não tem um plano com valor menor¿". E ela respondeu: "Claro, de quanto o senhor quer o plano¿". Ela preencheu, eu assinei, ela agradeceu e saiu.

Fiquei pensando nos motivos da minha compra, sendo que tantos outros gerentes haviam me procurado anteriormente. A razão é simples, ela não veio falando: "Previdência privada é uma coisa excelente, muito boa, o senhor faz para os filhos pequenos, dá de presente para eles, dois, três anos e depois eles continuam, isso vai ser muito bom para a vida deles. Um presente de aniversário para o senhor dar... O senhor vai pagar só um ano".

Aquela gerente trouxe tudo pronto, era só eu assinar. Ela facilitou a minha decisão, já colocando um valor. Por isso, para vender é preciso fazer a lição de casa.

Lembre que vendas fechadas e contratos assinados fazem de você um vendedor vitorioso. O resto é pura filosofia. Pense nisso.

AFINAL, DE QUEM
sou cliente?

ESTA É UMA PERGUNTA que pode parecer simples, mas nem sempre é entendida corretamente pelos profissionais de venda.

Vou a uma concessionária de automóveis. Ninguém me conhece. Fico ao lado do automóvel e vejo o gerente dizendo a um vendedor: "Chegou um cliente. Vá atendê-lo". E vem um vendedor e me pergunta:

— O que o Sr. deseja? Como é mesmo o nome do Sr.? – e imediatamente começa a fazer uma demonstração do veículo. Pergunta se quero fazer um *test-drive*, se aceito um café expresso.

— Vamos tomar um café, por favor, e conversar com nosso gerente? – sugere ele.

Enquanto estou sendo maravilhosamente bem atendido, noto que há um homem que já havia entrado na loja fazia alguns minutos e a quem ninguém dispensa atenção. Falo para o vendedor que está me atendendo:

— Tem um senhor aqui que faz uns cinco minutos que está esperando e ninguém o atende. Por favor, fique à vontade para atendê-lo enquanto eu fico olhando detalhes deste automóvel.

O vendedor olhou para aquele homem, voltou-se novamente para mim e disse:

— Ah, aquele é o Sr. Antônio, cliente nosso, aliás, um de nossos melhores clientes. Está sempre aqui, toda a frota de sua empresa ele compra conosco.

Perguntei:

— É um dos melhores clientes de vocês e ninguém vai atendê-lo? E você não vai oferecer um café a ele?

E o vendedor me respondeu:

— Não há necessidade. Ele vem sempre aqui. Ele pega café quando deseja. Ele já é 'prata da casa'".

O que quero dizer com esta história é que a maioria das pessoas tem uma visão errônea do que seja um cliente. Consideram cliente como sendo aquele que ainda não comprou da empresa, sendo que, na verdade, cliente é aquele que já comprou.

Comece a se perguntar – de quem sou cliente realmente?

E você verá que, na verdade, você é cliente de um simples funcionário, de um balconista, de uma telefonista, de um recepcionista. Daí a importância fundamental de ter em sua empresa somente as melhores pessoas, os melhores funcionários.

Ouço sempre a mesma reclamação: "Mas, professor, não se acha gente boa para contratar". E a minha resposta é sempre que essa é exatamente a razão pela qual temos de treinar, treinar e treinar e formar as pessoas que trabalham conosco. Na verdade, temos de recrutar e selecionar uma pessoa com base em seus valores éticos e morais e, em seguida, adequá-la aos conteúdos e à informação de nossos produtos ou serviços.

O que é preciso que compreendamos de forma clara e absoluta é que o primeiro cliente de nossa empresa é o nosso funcionário.

Certo dia, abro o jornal e leio uma publicidade de uma promoção que estava sendo feita por determinada empresa. Imediatamente ligo para a empresa e digo:

— Vocês estão com uma promoção aí...

Qual não foi minha surpresa, ao ouvir da telefonista:

— Olha, não estamos sabendo, não...

E eu então insisto:

— Mas espere um pouco. Está aqui no jornal de hoje a propaganda de vocês.

E vejam a resposta que recebi:

— O Sr. deve estar enganado... quem costuma fazer promoções desse tipo é a empresa tal... – e me passou o nome da empresa concorrente!

No dia seguinte, passando pela mesma empresa, fui conversar com os proprietários que, por acaso, eram meus conhecidos. Contei-lhes o que havia ocorrido e eles disseram que tinham mesmo se esquecido de informar as recepcionistas e as telefonistas da campanha que haviam lançado.

Aconteceu que os proprietários, diretores e gerentes se reuniram com a agência de publicidade, definiram a campanha, revisaram os textos, contataram os jornais e as rádios. Só se esqueceram de comunicar o seu pessoal interno.

Quando fui ver com mais detalhes, tinham mesmo se esquecido de avisar os próprios vendedores de que a campanha já havia tido sua veiculação iniciada. Ou seja, nem os próprios vendedores da empresa sabiam!

Lembre-se: para um cliente, não existe pessoa jurídica. Eu me relaciono sempre com uma pessoa física, com um ser humano. Eu não sou cliente de uma empresa e sim de uma pessoa. Se essa pessoa não for bem treinada, não for bem-educada, não me conhecer e não me tratar bem, eu deixarei sua empresa e irei buscar outra.

Por isso é preciso entender, definitivamente, esta verdade: o seu primeiro cliente é o seu funcionário. Será que o empresário tem consciência de que com funcionários insatisfeitos jamais terá clientes satisfeitos?

Muitos empresários me dizem: "Ah, professor, mas não há como satisfazer funcionários. Isso é impossível. Eles serão sempre insatisfeitos".

A única resposta que posso dar é que, se você realmente pensa assim, é impossível ser empresário. Imagine uma loja com todas as balconistas insatisfeitas. Imagine um supermercado onde todos os funcionários estão insatisfeitos. Como conquistará ou manterá clientes?

Uma das funções da antropologia empresarial é simplificar e desmistificar coisas complexas do mundo empresarial. E esta é uma verdade muito simples. Eu sou cliente de uma pessoa, de um ser humano, e não de uma empresa, de sedes e fachadas, móveis e equipamentos.

Veja um banco, por exemplo, com toda aquela tecnologia sofisticada, recursos e uma estrutura física caríssima; não depende do gerente? Do caixa? De quem abriu a sua conta e de quem o atende? Você, cliente, não depende daquela pessoa que é seu contato dentro da agência? Qualquer pesquisa de antropologia vai mostrar que você se sente cliente daquela pessoa e não daquele banco ou daquela marca.

Entenda que você só tem preferência por uma determinada marca quando ela representa algo para você, e essa representação só acontece porque alguém faz coisas concretas, que surpreendem, encantam, satisfazem você.

Pelo fato de ainda se imaginar que somos clientes de uma "empresa" e não de pessoas, é comum haver empresas que não treinam, não desenvolvem talentos, onde as pessoas atendem mal e falam mal da própria empresa onde trabalham.

É também por esse motivo que o *endomarketing*, o marketing interno, é tão importante. Sabe o que é marketing interno? É vender a sua empresa primeiro para os seus próprios colaboradores, porque, se eles não "comprarem" a sua empresa, seus produtos, serviços, ideais, valores etc., como equipe, como grupo, e como indivíduos, como serão capazes de vender, de atender bem, de surpreender e encantar clientes? Como poderão vender um produto que não comprariam ou do qual não compreendem o valor?

Portanto, primeiro temos de "vender" nossa empresa para os nossos funcionários, pois todos na empresa, sem exceção, são vendedores e agentes de atendimento e satisfação de clientes.

Propus a grandes empresas que recolhessem todos os cartões de visita dos funcionários e criassem novos, com o nome do funcionário em cima e a denominação "atendimento a clientes e vendas", escrito logo abaixo.

Ao se queixarem, "Mas, professor, eu sou Diretor Jurídico da empresa, e vou ter o meu cartão escrito 'Atendimento a Clientes e Vendas'?", eu respondia que, aos que fizessem questão de incluir sua ocupação funcional, que a colocasse abaixo da denominação "Atendimento a Clientes e Vendas".

Isso é para que todas as pessoas da empresa nunca se esqueçam de que todos estão nela para atender clientes e vender. Se a empresa não atender bem seus clientes, não venderá, e se não vender, não existirá como empresa.

Se você é do setor de contabilidade, da administração, da área de tecnologia da informação, do contas a pagar ou do contas a receber, entenda que você existe para colocar a sua empresa, sua marca, na mente, no coração, na alma dos clientes, que, afinal, serão os que irão pagar seu salário.

Agora, para que isso realmente seja possível, é preciso lembrar que uma empresa é feita de pessoas. Não existe o departamento tal ou qual, mas sim as pessoas desses departamentos. Não é o departamento de vendas que não se integra com o de marketing, mas sim Fulano de Tal que deveria na verdade ser mais humilde – e menos arrogante – e passar a conversar mais e se integrar com Beltrano de Tal, do departamento de marketing, e com Sicrano de Tal, da logística e distribuição, e assim por diante. Departamentos não falam entre si. Pessoas é que têm a capacidade de se relacionar.

Então, esse é o desafio que se tem hoje, de fazer esta integração com todos da empresa, para que ela possa ser uma pessoa jurídica, onde as pessoas físicas se relacionem umas com as outras e consigam surpreender e encantar clientes, pessoas que querem ser tratadas como pessoas e não como números.

Mas, infelizmente, o que vemos são empresas sem face, sem alma. E, para que isso não ocorra, é necessário motivar as pessoas da empresa.

Motivar é demonstrar as razões para que as pessoas façam isto ou deixem de fazer aquilo, tenham este comportamento e não aquele etc. Essa é a sua tarefa, empresário, chefe, gerente. Você tem de oferecer e discutir os motivos para que as pessoas façam melhor, para que se comprometam com a sua marca, com a sua empresa e, assim, possam comprometer-se com o sucesso de cada um de seus clientes.

Então, de quem sou cliente? Eu sou cliente da balconista, do vendedor. Eu sou cliente de alguém que eu conheço, de uma pessoa.

Esse é o desafio de hoje: concretizar o abstrato – lembre-se de que uma empresa é abstrata, a única coisa que existe de concreto é o funcionário, o chefe, o empresário, o dono ou mesmo um profissional liberal. A relação que um cliente estabelece com uma empresa não é com suas máquinas. A relação é de um cliente como pessoa com outras pessoas. O resto é ficção jurídica.

O VENDEDOR EXTERNO,
que sai à rua
em busca do cliente

NESTE CAPÍTULO QUERO FALAR sobre o profissional de vendas que sai às ruas em busca dos clientes. É o representante comercial, é aquele homem ou aquela mulher que vão aonde seus clientes ou *prospects* estão e não têm um ponto fixo de venda. São os que trabalham como representantes; enfim, as pessoas que vão vender fora da empresa. É o vendedor que sai em busca do cliente.

A primeira coisa que um vendedor externo precisa compreender é que a venda hoje é uma consequência da pré-venda e do pós-venda. Por isso, o vendedor tem de se preparar antes de sair à rua em busca de seus clientes. Ele deve saber quem é o cliente, onde está, o que pensa, quem o influencia nas decisões de compra, de quem ele compra, que ações seus concorrentes estão realizando com este cliente. Ele já é seu cliente? Quanto tem comprado? É bom pagador? Como é a situação de crédito dele? É alguém com quem podemos trabalhar mais, menos ou de que outra forma? Observe que, quanto mais você estiver pronto na pré-venda, mais pronto estará na venda.

Se você não trabalhar fortemente a pré-venda, se não conhecer o seu cliente profundamente, se não usar bem a sua agenda, se não planejar a sua venda, dificilmente você venderá.

Assim, o planejamento de vendas é fundamental. Mas não basta ter um bom planejamento. É preciso treinar, ter os instrumentos adequados, ter catálogos, mostruários, tudo o que poderá fazer você liderar o processo de vendas.

Portanto, a primeira coisa que quero dizer aos vendedores externos é que trabalhem com a cabeça, trabalhem com planejamento, façam pré-venda.

Hoje, com a internet, com os meios de informação disponíveis, não há nenhuma desculpa para que não saibamos "quase" tudo sobre aquele cliente, sobre seus concorrentes, sobre a embalagem de seus produtos, para que, no momento da venda, estejamos absolutamente prontos, aptos para fazer uma correta exposição de nossos argumentos e consumar a venda.

Assim, profissional de vendas deve planejar suas vendas, seu dia, sua semana, seu mês. Todas as noites, deve dormir sabendo exatamente o que fará ao acordar – quais clientes visitará e como fará essas visitas.

Ao acordar, você irá fazer exatamente o que planejou. Você não irá atrás de outro cliente, mas sim daquele que já estudou, já planejou, essa é a sua tarefa. Muitas pessoas fazem planejamento, mas perdem o foco. Quando você realmente sair a campo e fizer o que deve fazer, verá que tem uma força que até você mesmo desconhecia, que é a força do foco.

Certa vez, em uma revenda de caminhões para a qual prestávamos consultoria, havia dezoito caminhões de diferentes modelos para vender há meses e as vendas não aconteciam.

No final da tarde, o proprietário da revenda chamava o gerente de vendas e dizia que ele era incompetente. Na manhã seguinte, o gerente reunia seus vendedores e dizia que, se não voltassem com a venda fechada, iriam perder seus empregos. O ambiente era de extrema tensão.

Quando fui apresentado a esse caso, logo diagnostiquei que o problema dos vendedores era falta de foco.

A primeira coisa que fiz foi tirar uma fotografia de cada caminhão. Revelei as fotos e cheguei para cada vendedor e disse:

— Pegue uma prancheta, prenda esta foto nela e fique uma hora dentro deste caminhão, sem sair. Sentado lá dentro, olhando para a foto do próprio caminhão, sentindo o seu cheiro, você vai escrever o nome de todas as pessoas ou empresas que acredita que possam se interessar por este caminhão. Somente este.

Atribuí um caminhão para cada vendedor.

Após terem relacionado os possíveis clientes, peguei a prancheta de cada vendedor e estudei com eles cada um dos clientes constantes da relação, dentro da metodologia do **Projeto Cliente** que você está conhecendo neste livro. Fizemos o diagnóstico de cada cliente, determinamos os objetivos, a estratégia etc.

Em duas semanas todos os dezoito caminhões foram vendidos!

Qual é o segredo? O segredo é o foco!

Após terem conseguido vender todos os caminhões, os próprios vendedores afirmaram que, por falta de foco, saíam para vender sem planejamento e iam de cliente em cliente com extrema ansiedade, não conseguindo vender para nenhum deles por falta de estudo, planejamento, argumentação correta, por não saber com quem falar etc.

Não é difícil encontrar vendedores externos que não têm o hábito de planejar suas vendas. Somente quando já estão na rua é que vão pensar qual empresa irão visitar, com quem falarão, como é a empresa, de que ramo etc.

Acredite nisso! Não se engane! Seja profissional de vendas e não somente um vendedor. Trabalhe com agenda, cumpra horários. Você já deve ter tido a experiência de visitar um cliente e não encontrá-lo, por quê? Porque você não ligou antes, não sabia qual o melhor horário para que ele pudesse lhe atender com a necessária paciência para ouvi-lo.

Não acredite em sorte ou azar; observe que, quando você fez uma venda excelente, foi porque chegou no horário certo, usou os argumentos corretos, você tinha conhecimento sobre a empresa; enfim, tinha uma série de informações que fizeram com que a venda ocorresse. Agora, quando você teve o que se chama comumente de "azar", o que na verdade aconteceu? Provavelmente você não tinha as informações corretas, você foi visitar o cliente em um horário impróprio, usou argumentos errados, falando o que não deveria falar. É ou não é verdade?

Não confie *somente* na sorte ou mesmo no azar: planeje, faça benfeito. Faça a pré-venda, use a sua agenda como um importante instrumento para compromissos e contatos com clientes. Se tempo é dinheiro, como diz o ditado popular, para um vendedor externo, tempo é mais do que dinheiro, tempo é tudo, porque o seu dia só tem vinte e quatro horas e o tempo passado não volta mais para que uma venda perdida seja feita.

Acredite que, hoje, quanto mais tempo você dedicar a fazer o **Projeto Cliente**, melhor será sua venda. Uma vez feita a venda, o contrato assinado, o pedido feito, lembre-se de que a venda começa verdadeiramente após a venda, no pós-venda. Você, vendedor, que está na rua em busca do cliente, não delegue o pós-venda a um departamento de sua empresa. Faça você o pós-venda. Tome o cliente para você, ligue para ele.

Entenda que o vendedor externo depende, mais do que ninguém, do boca a boca, do chamado marketing do bochicho ou marketing "viral". Um cliente satisfeito falará bem de você a outros amigos, a outras pessoas; fará uma indicação, informará seu telefone, passará o seu cartão (não se esqueça de sempre deixar um cartão, com as formas para contatar você). O pós-venda também será uma importante referência sobre sua empresa, seus produtos ou serviços. O vendedor externo precisa ter foco e determinação.

E, ao chegar em sua casa, depois de um dia de trabalho, o vendedor deve fazer uma avaliação de seu dia e rever seus sucessos e insucessos para que possa aprender com seus acertos e erros, planejando o dia seguinte. Essa é a melhor hora para anotar o que você fará no dia seguinte. Não se esqueça de ligar agradecendo aos clientes que indicaram você a outros clientes e de agradecer aos próprios clientes do dia anterior, da semana anterior.

Lembre-se muito da pré-venda e do pós-venda. Repare que não falei muito da venda em si, porque as técnicas de vendas todos conhecem. Vende a pessoa que conhece o produto, o cliente, a pessoa que está comprometida com o sucesso do seu cliente, que demonstra confiança e que transmite a certeza de que tanto ela quanto a empresa para a qual trabalha estarão à disposição do cliente sempre que precisar.

Por essas dicas é possível perceber a razão do sucesso de muitos representantes e vendedores externos. São pessoas realmente empreendedoras.

Esse é o seu desafio. Pense bem na pré-venda, conheça tudo sobre o seu produto e seus clientes e faça um excelente pós-venda, porque, na verdade, a venda é um resultado da sua capacidade de fazer um excelente trabalho de pré-venda e de pós-venda.

SOCORRO! MEUS CLIENTES
só querem preço:
Como vencer a guerra
do desconto e prazo?

MUITAS PESSOAS FALAM E acreditam que seus clientes só querem preço. Neste capítulo vou procurar demonstrar por que essa afirmativa não é verdadeira.

A verdade é que o cliente só paga a mais por alguma coisa que ele realmente considere de "valor" para ele. E a maioria das diferenças de valor, percebidas pelos clientes entre concorrentes, tem sido somente o preço. Daí a razão de optar pelo mais barato.

Fizemos uma pesquisa em concessionárias de automóveis, assim como em algumas churrascarias.

Qual era a diferença entre as concessionárias de automóveis em uma cidade que tinha doze concessionárias? Praticamente nenhuma. Todas ofereciam basicamente os mesmos benefícios para os seus clientes. A diferença era o preço. Não havia diferenciação percebida como valor pelos clientes, e quando não há diferenciação perceptível e de valor ao cliente, a diferença acaba sendo o preço ou o prazo.

Em churrascarias, o que acontece é a mesma coisa. Se, na opinião do cliente, a comida é ótima em todas as churrascarias, qual a diferença? O preço.

Pesquisas comprovadas no mundo todo revelam que, quando há uma diferenciação percebida como valor pelo cliente, este aceita deliberadamente colocar a mão no bolso e pagar o preço *premium*, ou seja, um preço maior por aquele produto ou serviço, embora seja mais caro que seus concorrentes. É certo também que há um limite nesse mais caro, mas, quando a diferenciação é percebida e entendida como valor para aquele cliente, ele paga a diferença.

Vou citar outro exemplo. Uma vez, vi uma pesquisa que foi realizada em uma favela onde existiam vários bares. Havia um dos bares em que a cerveja era mais cara e era o bar onde havia o maior número de clientes. Os pesquisadores perguntaram aos moradores por que eles frequentavam aquele bar para tomar cerveja, se em outros bares a cerveja era a mesma e mais barata. E os frequentadores, em sua maioria, responderam que era porque naquele bar tinha pagode. Os pesquisadores, astutos, logo disseram que em alguns outros bares da favela também havia pagode e ouviram a seguinte resposta: "Ah... mas o pagodeiro que toca o tamborim neste pagode é o melhor de todos".

Observem que aquele determinado bar criou um valor. Bastou ter um bom pagode e uma pessoa que tocasse tamborim de maneira excepcional para que o dono do bar pudesse cobrar mais caro pelas bebidas, que os frequentadores pagavam sem reclamar.

Responda-me se você, leitor, come sempre a coxinha mais barata, o pastel mais barato ou compra a roupa ou o sapato mais baratos. É claro que não! Você vai ao bar do "seu" Manuel porque ele já sabe do que você gosta, mesmo que existam outras lojas e outros bares mais baratos.

Ora, se você mesmo não escolhe seus produtos e serviços apenas pelo preço, por que seus clientes o fariam?

A verdade é que, se você está em meio a uma guerra de preço e prazo, é porque você não conseguiu encontrar a diferenciação percebida como valor pelos seus clientes e que consiga fazer com que você saia desta vala comum do desconto e prazo.

Observe que a diferenciação precisa ser percebida como valor pelos clientes. O que eu vejo, na maioria das vezes, é que as diferenciações que as empresas têm feito só têm aumentado o seu custo e não o valor percebido pelos clientes, que, assim, não pagam por elas. Daí os empresários ou vendedores dizerem que seus clientes só se interessam por preço.

Muitas empresas gastam verdadeiras fortunas para criar um diferencial para seu produto ou serviço sem procurar saber se, de fato, aquela diferença será valorizada pelo cliente a ponto de refletir em um possível aumento de preço.

Existem muitas empresas que investem em *softwares* caríssimos ou mudanças de sistema e, quando perguntamos aos clientes o que eles pensam, nos respondem: "Aquilo foi uma coisa que a empresa inventou apenas para cobrar mais caro de nós", ou seja, se a ideia era boa, acabou tendo efeito contrário, porque os clientes ainda concluem que irão pagar mais caro por uma inovação sem necessidade e julgam que a empresa os está, na verdade, ludibriando com falsas inovações.

Cuidado! Às vezes o serviço pelo qual o cliente aceita pagar um preço *premium* pode ser um que você, empresário ou vendedor, não dá o menor valor e que muitas vezes é fácil e barato de realizar. E a diferença que o cliente percebe como valor poderá ser muito sutil e individualizada – não somente para cada cliente específico, mas também para cada *cluster* (grupos de clientes). Se sua empresa for uma papelaria, por exemplo, certamente terá como clientes escritórios, estudantes etc. Os escritórios, como um conjunto, têm necessidades que outros consumidores não têm. Portanto, você tem de criar serviços para os mais diversos grupos de clientes. Não existe mais aquele serviço "tamanho único" que veste todos os clientes sem distinção.

Sem fazer diferenças de valor percebidas pelos clientes, as empresas entram em uma guerra suicida de desconto e prazo, sendo cada vez mais iguais. Dessa forma, é realmente preciso diferenciar a empresa para não entrar na guerra por preços e prazos. Para que isso realmente aconteça, é preciso observar o comportamento dos consumidores, as perguntas que eles fazem, as exigências desse público ou o local onde a sua empresa se estabeleceu, enfim, fazer um estudo com base neste **Projeto Cliente**, objeto deste livro, para que sua empresa possa fazer diferenças de valor e possa obter mais valor agregado aos produtos que vende.

Chamo a sua atenção para o fato de que o mais importante é a observação do comportamento dos clientes. Digo isso porque, se você perguntar ao cliente o que ele deseja, com certeza responderá: desconto e prazo.

Mas, se você for à casa ou ao escritório desse mesmo cliente, verá que tudo o que comprou não foi somente pelo preço, mas pelo valor que percebeu no produto, no serviço ou na própria empresa fornecedora daqueles bens.

Às pessoas que afirmam que seus clientes só querem preço, sinto dizer que o que seus clientes realmente desejam é que você diferencie a sua empresa e lhes dê um motivo, apenas um que seja, para pagar um pouco mais pelo seu produto ou serviço. Se esse motivo não existir, seus clientes certamente irão querer um diferencial que consistirá no preço ou prazo. Veja que, quando dois produtos são absolutamente iguais, o seu cliente não comprará o mais caro nem aquele que a empresa exige o pagamento à vista. Note que, quando a diferença de valor existe, você e os seus clientes optam pela diferença. E todas as pesquisas comprovam que, quando há outras diferenças relevantes percebidas como valor pelo cliente, o preço é um dos últimos atributos considerados.

Diferencie a sua empresa para fugir da terrível guerra por preço e prazo, porque nesta guerra não haverá vencedores.

TODO O MUNDO
é feliz, mas a empresa não vende!

— TODO O MUNDO É muito feliz em minha empresa, mas ela não vende. A empresa não tem resultados, embora todos se sintam felizes trabalhando aqui – disse-me um empresário.

— Professor, tenho aplicado todas as técnicas de gestão com o meu pessoal. Eles dizem ser felizes, o clima da empresa é excelente, mas a empresa não vende. As pessoas parecem confortáveis demais e não têm vontade de lutar, estão acomodadas. Onde eu errei, professor? – perguntou um diretor.

— Fiz salas confortáveis para os meus funcionários e senti que a produtividade baixou. Será que medi errado o resultado ou entendi tudo errado e o conforto foi ruim? – questionou um gerente geral de uma multinacional.

— Como equilibrar comodidade com acomodação? – perguntou um diretor de recursos humanos.

Eis aqui um tema polêmico e que exige muito conhecimento do ser humano e do que seja uma empresa, um local de trabalho.

Como fazer para que a minha empresa tenha pessoas felizes e também produza os resultados necessários ao seu crescimento e desenvolvimento exigidos pelos acionistas?

Todos sabemos que não adianta ser uma empresa muito feliz, todo mundo satisfeito, muito alegre, se ela não tiver resultado, se a empresa não vender, não der lucros e um fluxo de caixa positivo. É muito comum encontrar empresas com um clima maravilhoso e resultados negativos. Há empresas em que os funcionários parecem estar em férias no local de trabalho, todos muito felizes, mas a empresa com problemas de caixa, queda nas vendas e outros casos mais graves.

Conheço várias empresas onde as pessoas que lá trabalham são muito unidas, todos muito amigos, mas a empresa não gera resultados. Como resolver esse problema?

O excesso de conforto pode gerar uma acomodação. Se o seu objetivo é fazer com que os seus vendedores saiam à rua em busca dos clientes e, ao mesmo tempo, faz salas internas muito confortáveis, com ar-condicionado, poltronas, café expresso, sucos e outras mordomias, você cria condições para que eles fiquem na empresa e não saiam para vender. Se na empresa é agradável demais, todos conversam o tempo todo e se sentem muito confortáveis, qual o incentivo para que saiam para vender e enfrentar esse clima tropical do nosso país? Será que vão enfrentar o cliente e o mercado sendo tão confortável e gostoso permanecer dentro da sala que você ofereceu a eles? É preciso entender o valor do que chamamos de *tensão positiva* para o ser humano.

Ao buscar resolver o problema de uma equipe de vendas externas que relutava em sair da empresa e fazer as visitas de vendas que deveriam ser feitas, tiramos as salas confortáveis que eles tinham e criamos salas realmente desconfortáveis. Nossa intenção foi fazer com que estar na rua fosse mais agradável do que estar na empresa. O que aconteceu é que as vendas aumentaram muito e as visitas começaram a acontecer. O diagnóstico que fizemos é o de que as salas anteriores eram demasiadamente confortáveis e na verdade "incentivavam" os vendedores a ficar conversando em vez de sair à rua para visitar clientes.

Da mesma forma, quando você tem uma equipe muito amiga, você tem de estimar metas altas, exigindo que cada um deles se desafie. E saiba que o problema muitas vezes nem é a própria meta em si, mas a vontade de cada um em se autodesafiar. Muitas vezes o clima favorável e o conforto levam o indivíduo a não se desafiar. O excesso de harmonia também pode gerar um excesso de acomodação dos funcionários da empresa.

Havia uma indústria em que os departamentos de produção, marketing e vendas brigavam muito. O de produção queria maior produção, o de marketing queria uma coisa diferente, enquanto o de vendas queria vender cada vez mais e o de produção não conseguia fabricar os produtos certos na quantidade necessária. Era uma luta, mas uma luta positiva, porque, na verdade, todos estavam brigando para fazer mais e melhor. O departamento de produção brigava para ter melhores condições para aumentar a produção. Isso obrigava o de vendas a vender os produtos, da mesma forma que o de marketing a fazer campanhas criativas e promoções diferentes. Muitas vezes a produção não queria parar e o pessoal de vendas pedia para diminuir o ritmo porque não tinha como vender, exigindo ações do marketing. E assim foi durante um bom tempo, até que o presidente da empresa, já senhor de idade, chamou o diretor industrial, o de marketing e o de vendas e disse: "Parem de brigar, eu não aguento mais esta briga, vocês ficam brigando entre vocês e eu todo o dia tenho de ficar resolvendo. Por favor, se acertem, se unam".

E os três diretores se reuniram e disseram: "Gente, vamos parar de brigar, porque o nosso presidente já está com uma idade avançada e ainda tem de ficar resolvendo os nossos problemas, fico eu falando mal de você e você de mim etc." E eles deixaram de brigar. Ou seja, o pessoal da produção perguntava ao pessoal de vendas quanto eles queriam que fosse produzido e a produção foi diminuindo cada vez mais. E tudo ficou em paz.

A conclusão foi que os resultados da empresa começaram a cair.

Preocupado, o presidente chamou novamente os diretores e disse: "Por favor, voltem a brigar! Discutam, lutem, voltem a ser o que eram".

A verdade é que o excesso de harmonia muitas vezes é incompatível com "a briga" existente no mercado, a luta que se tem de enfrentar lá fora para fazer o nosso produto vencer. Se não houver certa tensão – neste caso positiva – que nos empurre para caminhar mais celeremente, mais rapidamente, se não tivermos motivos mais fortes, poderemos nos acomodar.

Conheço empresas em que todos são felizes mas que não geram resultado, e não são poucas. Lojas, por exemplo, em que você entra e está todo mundo brincando. Você encontra uma vendedora brincando com a outra e você entra e sai e parece que nem notaram sua presença. Quer dizer, o ambiente de trabalho está ótimo, estão todos felizes ali dentro, mas será que a loja vende? As vendedoras o atendem rindo de uma brincadeira e você não sabe se estão rindo *para* você ou *de* você.

Preste bem atenção, leitor: *Eu não estou dizendo que temos de ter um clima ruim na empresa.* O que eu estou tentando demonstrar é a importância de se criar um clima maravilhoso ou uma empresa harmônica, mas com resultados. E esse é o grande desafio, porque, às vezes, o que pode acontecer é que a harmonia acaba sendo o objetivo, a meta, sendo que o objetivo tem de ser os resultados da empresa, a rentabilidade, o crescimento etc.

A verdade é que essa rentabilidade necessária só pode ser conseguida com harmonia, com união, com respeito às pessoas, mas a harmonia não pode estar acima dos resultados e da rentabilidade, como valor máximo, porque uma empresa não é um clube, não é uma associação de final de semana, uma associação recreativa. Uma empresa é um local de trabalho, de resultado, de produtividade.

Então, observe bem se esse problema não está acontecendo na sua loja, na sua empresa, na sua indústria.

Veja se você não conhece empresas em que ninguém toma posições muito firmes, não há discussão e as verdades não são ditas para não quebrar o clima de felicidade: "Se eu falar tal coisa, ele não vai gostar e vai ficar mal comigo. Por que vou me meter nisso, se o clima aqui é tão bom?".

Qual é o risco de se ter uma empresa nessa situação? O risco é o de que a harmonia, a união do grupo acabam se tornando o objetivo e não um meio de chegar aos objetivos, que são, entre tantos outros, o da empresa atingir seus resultados.

Uma empresa não pode ser confundida com um grêmio recreativo, onde todos são felizes, mas ela mesma, como organização, não vende. Nessas empresas, quando o objetivo acaba sendo realmente a harmonia, muitos colaboradores dizem que veem problemas sérios, mas não podem falar. Eles afirmam que "não têm clima para falar. Se a gente falar, vai mexer com Fulano de Tal e ele é muito bonzinho, aquela pessoa é um amor, ninguém quer ofendê-la, mas ela não produz, está no lugar errado e não é competente o bastante para assumir todas as responsabilidades, mas ninguém tem coragem de dizer. Aquele homem é um poço de bondade. E o nosso clima de harmonia é bom demais para ser estragado".

Esse problema precisa ser enfrentado com muita segurança e seriedade. É óbvio que queremos ter um clima harmônico em nosso ambiente de trabalho e que todos sejam amigos, mas isso não pode ser o objetivo final da empresa.

Quando as empresas chegam a esse estágio – e é muito comum isso acontecer –, fica muito difícil de se diagnosticar como mudar, porque as pessoas se protegem, o grupo protege os seus membros, todos sabem que aquele chefe é incompetente, mas todos o protegem. Sabe por quê? Porque ele protege os seus funcionários e fica aquele clima de proteção mútua, e aí a empresa como um todo sofre as consequências.

Observe se na sua empresa existem pessoas que assumem postos e não têm competência para estar neles, mas os ocupam simplesmente por serem muito cordiais e simpáticas. Embora isso seja um valor – e, por favor, não me confundam – é preciso perguntar: e a empresa, como fica?

Por isso, muitas vezes, nessas empresas acaba ocorrendo um tratamento de choque, atitudes drásticas. Os acionistas, impacientes pela falta de resultados, despedem a diretoria toda, trazem pessoas de fora da empresa que, por sua vez, despedem vários funcionários antigos e instala-se aquele "clima de terror". Só então, os que ficam de repente começam a produzir e a empresa a ter resultados. Eu já vi isso acontecer em muitas empresas.

Alguns funcionários reconhecem: "De fato, nós estávamos muitos acomodados. Precisava mesmo vir alguém de fora para nos fazer trabalhar". No fundo, individualmente, todos reconhecem que "acabou o recreio".

Em uma dessas ocasiões, perguntei:

— Vocês não sabiam que estavam num recreio e que a empresa não iria admitir isso por muito tempo? Vocês não sentiram isso?

E eles me responderam:

— É, professor, a gente até sentia, mas como a gente ia fazer, não havia clima para falar.

Agora pergunto: será que é impossível conseguir esse equilíbrio entre a harmonia do grupo (unido e coeso) e a produtividade? Será que é impossível chamar a atenção do colega sem que tudo vire ofensa, discussão ou fofoca?

É claro que é possível. Mas isso precisa ser discutido, alertado enquanto houver tempo.

Pense nisto: na sua empresa, no seu departamento, você como chefe, diretor ou gerente não tem como objetivo máximo agradar às pessoas, mas estabelecer a harmonia como um meio necessário para conseguir maior produtividade e a felicidade de todos no longo prazo, a manutenção do emprego e o crescimento da empresa.

PROBLEMAS INTERNOS
de nossa empresa podem fazer uma grande diferença em nossas vendas

O QUE MAIS INFLUENCIA as vendas de nossa empresa? São as instalações? É a sede? Nem sempre.

Muitas vezes, coisas que não enxergamos, como, por exemplo, uma briga entre departamentos ou uma disputa de um chefe com outro reflete no mercado, nos clientes, nos fornecedores e denigre a imagem de nossa empresa.

Veja uma disputa entre secretárias. A secretária do Sr. Fulano *versus* a secretária do Dr. Beltrano. Veja o que isso pode gerar de problemas dentro da empresa. Mas ninguém dá muita atenção a isso. Quando uma ligação do Dr. Beltrano é passada para o Sr. Fulano, a secretária diz que ele está ocupado, não pode atender agora, e aquele que estava na linha aguardando era um cliente, um fornecedor importante, alguém com quem a empresa precisa ter um relacionamento mais forte e é impedido, bloqueado por uma briguinha entre duas secretárias. É ou não é verdade que isso acontece em muitas empresas? As coisas que não vemos são as que mais aparecem.

Você ouve comentários de clientes dizendo que as pessoas da empresa não se entendem, tudo é difícil, há muita disputa, cada departamento fala uma coisa, tem uma forma diferente de trabalhar etc.

Ao avaliar um fornecedor, o cliente disse que aquela determinada empresa era um "sepulcro caiado", linda, bela por fora, mas um horror por dentro, só disputas internas, fofocas, tensão, ansiedade.

O que, muitas vezes, não damos a devida atenção pode nos fazer perder vendas e clientes preferenciais.

Uma empresa perdeu um dos seus mais importantes clientes porque tratou mal um *office-boy*. O mensageiro da empresa-cliente era uma pessoa muito querida, muito humilde, que havia sido recrutada nas ruas. Certo dia, esse menino foi à empresa de um fornecedor e lá foi alvo de brincadeiras de mau gosto por parte de funcionários subalternos da empresa. O menino voltou à empresa chorando. Quando lhe perguntaram o que havia acontecido, contou que tinha sido humilhado na outra empresa. "Não quero mais ir lá", disse ele, "todo mundo mexe comigo, me chama de apelidos impróprios, fica batendo na minha cabeça..."

Imediatamente, o diretor da empresa cancelou o contrato com aquele fornecedor.

Quando souberam do cancelamento, os diretores e o próprio presidente da empresa fornecedora ligaram desesperados para o cliente e não houve acordo. Ninguém estava disposto a relevar a grosseria feita com o *office-boy* que era querido e respeitado por todos.

O mais interessante desse episódio é que a empresa-cliente não quis dizer ao fornecedor o motivo do cancelamento do contrato. Disseram: "Nós não vamos falar para vocês, vocês vão ter de descobrir a razão do cancelamento".

A empresa fornecedora pensou em tudo, na qualidade, na embalagem, nos prazos de entrega. Estava tudo em ordem! Voltaram ao cliente dizendo que nada encontraram de errado. Foi quando o presidente da empresa-cliente disse: "Sabe onde vocês erraram? Vocês trataram mal nosso *office-boy*, vocês estão pensando que ele não é gente? Vocês estão pensando que, porque ele é uma pessoa simples, podem tratá-lo mal, bater na cabeça dele, colocar apelidos pouco éticos? Não! Clientes de vocês nós não seremos mais. Sinto muito".

Assim, vender não é somente responsabilidade dos vendedores ou do departamento de vendas ou de marketing. Vender é responsabilidade diária de toda a empresa.

Certa vez, assisti a uma discussão em uma empresa. Todos estavam muito irritados. Quando quis saber a razão, fui informado de que o problema era que uma das empresas fornecedoras mandava a relação dos produtos em manuscrito e a letra dessa pessoa era absolutamente ilegível. Você não sabia se aquele jota era jota ou se era efe. Todos ficavam se questionando o que estaria escrito.

Perguntei o motivo pelo qual a relação não vinha impressa por computador e eles disseram que era porque o fornecedor dizia que preferia fazer a mão. "A gente nunca sabe o que chegou, se são oito ou três", afirmaram os funcionários com a lista na mão.

Algum tempo depois, soube que aquele fornecedor havia sido trocado. Fui saber a razão e era exatamente por causa das relações manuscritas que ele insistia em enviar.

Quantos clientes perdemos por fatores para os quais não damos a menor importância? Quantos clientes perdemos ou deixamos de conquistar por causa de um atendimento telefônico deficiente ou mesmo horrível?

Será que um presidente de empresa tem consciência do risco que está correndo de perder clientes por causa de uma disputa entre secretárias ou recepcionistas ou por causa de um motorista que na hora de fazer a entrega do produto tem um comportamento indesejado?

Nas pesquisas que faço para compreender melhor os desafios de marketing e vendas em um mercado competitivo, tenho visto coisas incríveis. Um empresário me disse que jamais dispensará um determinado fornecedor. Veja a história que ele me contou:

> "Há cinco anos tivemos um problema aqui. Houve um pequeno incêndio no departamento de vendas. Na verdade, um problema simples, mas vários computadores foram queimados. Quando fomos comprar novos computadores, havia um tempo de espera para a entrega. Um de nossos clientes, sabendo do problema, no dia seguinte nos ofereceu emprestados, sem custo algum, doze computadores. Ele nos disse que eram computadores que ele não utilizava e que poderiam ser usados por nós até a chegada de nossos novos equipamentos. Como a entrega dos computadores ia demorar mais do que o esperado, resolvemos alugar novos equipamentos, para que pudéssemos devolver os emprestados àquele nosso fornecedor. Foi quando descobrimos que aquele fornecedor, de fato, havia alugado os doze computadores para nos emprestar, sem nos ter dito nada a respeito do aluguel! Ficamos absolutamente surpresos e encantados com a atitude de nosso fornecedor. Jamais o deixaremos! Professor, como nós vamos abandonar

Problemas internos de nossa empresa podem fazer uma grande diferença em nossas vendas

> uma empresa dessa? Como vamos deixar de comprar dessa empresa para comprar de um concorrente a um preço menor? A diretoria não quer nem ouvir falar de outro fornecedor, e a gente os chama até aqui para dizer faça isso, faça aquilo, vocês estão errando aqui, mas, na verdade, dá até vontade de dizer 'façam tudo direitinho, porque nós não podemos deixar de comprar de vocês nunca' e então, por favor, ajudem a gente da melhor forma".

Fui me aprofundar nessa história e, na verdade, o fornecedor era um fabricante de resinas. Quando fui entrevistar o presidente da empresa fornecedora, ele me explicou que apenas se colocou no lugar do presidente da empresa-cliente e pensou no que poderia fazer para participar da solução do problema dele.

Acredite nesta verdade: o que a gente não enxerga é o que mais aparece!

Tenho certeza de que muitos outros fornecedores, ao saber do incêndio, disseram: "Eles são ricos, o seguro irá cobrir tudo, não temos nada a fazer..."

O que realmente faz a diferença para vendas em uma empresa? Será que são as instalações? Um número de telefone bonito? Uma bela recepcionista?

O que será que aparece como fundamental aos olhos dos clientes? Será que não são as coisas que nós não vemos? Será que não são as coisas que nós não enxergamos? Para as quais não damos atenção?

Uma revenda de bebidas tinha um motorista que entregava os produtos nos restaurantes e fazia questão de parar o caminhão em cima da calçada, quando não em cima do canteiro. Ora, o peso de um caminhão afunda a calçada, e foi o que aconteceu com a calçada de um restaurante, cujo dono não teve dúvida e ligou para a revenda de bebidas, reclamando: "O caminhão de vocês afundou a calçada de nosso restaurante. Já pedimos para o motorista de vocês..." e qual foi a resposta da revenda? "Não, não foi o nosso caminhão, não, porque conversamos com o motorista e ele disse que não parou e que para sempre na rua e nunca põe a roda da frente em cima da calçada." E a história se repetia. Uma vez ou outra o caminhão parava na rua, mas, quase sempre, estacionava em cima da calçada.

Certo dia, irritado ao ver o caminhão com a roda sobre a calçada, o proprietário do restaurante cancelou o contrato com a revenda e mudou de marca exclusiva em seu estabelecimento.

Veja você que um motorista fez a revenda perder um de seus melhores clientes.

Um exemplo diferente, exatamente com um motorista, presenciei em uma empresa em que eu trabalhava como consultor. Nela, havia o costume de, todo final de ano, fazer uma festa em homenagem aos fornecedores. Eles convidavam uma pessoa "especial" de cada fornecedor para homenagear.

O homenageado daquele ano foi exatamente um dos motoristas de um dos fornecedores. Perguntei por que aquele motorista estava sendo homenageado e todos responderam tratar-se de uma pessoa única, muito educada, prestativa, que representava de maneira digna aquele fornecedor.

"Ele tem paciência para esperar, facilita e agiliza os processos para a gente, preenche os formulários quando necessário, enfim, todo o mundo aqui adora esse motorista. E vou dizer mais uma coisa para o senhor", enfatizou o diretor, "quem faz o sucesso daquela empresa, além do produto ser bom, é esse motorista a quem prestaremos a homenagem."

Esse é o grande desafio. Temos de dar toda a atenção aos detalhes, cuidar das coisas pequenas, simples, que farão uma enorme diferença.

Pense em todas as situações em que a sua empresa se relaciona com o mercado, com os clientes, com os fornecedores. Será que boa parte do sucesso da sua empresa não estará em coisas que você não vê ou às quais não dá a devida atenção? Será que o fracasso que você está experimentando em suas vendas não está em coisas que você não está enxergando?

COMO SATISFAZER
clientes difíceis

OS CLIENTES SABEM QUE têm várias opções além da sua empresa e estão cada vez mais cientes de que têm o *poder*.

Com tanto poder e tantos "súditos" para servi-los, os clientes sentem-se como verdadeiros "reis".

Luís XIV, o monarca francês que dizia "L'État c'est moi" – "O Estado sou eu" –, era o rei mais absolutista de que se teve conhecimento. Foi ele quem mandou construir o Palácio de Versalhes. Faleceu em 1715.

Conta a história que, um dia, Luís XIV, irritado porque a carruagem que o servia sempre chegava exatamente no horário que ele mandava, exclamou: "J'ai failli attendre!" – que em português quer dizer: "Eu quase esperei!"

Observem que a carruagem não se atrasava, apenas chegava no horário que era solicitado, ou seja, exatamente como o rei ordenava. Mas Luís XIV não queria sequer "quase esperar".

Quando utilizo a referência de que os clientes sentem-se como reis, quero dizer que estes são como Luís XIV: "A empresa sou eu"; "O mercado sou eu"; "Eu tenho o poder!".

A prova dessa verdade é que hoje, quando você atende os seus clientes da forma como eles querem, da maneira como pediram, na hora que solicitaram e pergunta se sentem satisfeitos, muitos deles responderão: "Estava preocupado porque achei que você não ia conseguir entregar a tempo", ou seja, eles não queriam sequer ter pensado em esperar; portanto, notem a dificuldade de se conquistar e manter clientes nos dias de hoje.

Clientes sentem-se como reis porque, além do poder de decisão que, de fato, têm, ainda sofrem o assédio de vendedores a lhes oferecer produtos e serviços diferenciados.

Portanto, para satisfazer os clientes difíceis que temos, é preciso que as empresas tenham senso de urgência.

Tempo, hoje, é fundamental para o sucesso em vendas. Quando um cliente disser "Uma hora que você puder e estiver passando por aqui, traga os seus preços para que eu possa avaliá-los", ele, de fato, está querendo dizer: "Traga já! Saia da sua cadeira, da sua empresa e venha me trazer os seus preços, como estou pedindo, imediatamente".

Se você não for imediatamente, ele procurará outra empresa disposta a fazê-lo. Portanto, quando qualquer pessoa entrar em contato com a sua empresa solicitando uma cotação de preço ou mesmo outro tipo de informação – por mais simples que seja –, dispense a ela sua atenção imediatamente.

É comum as empresas não terem senso de urgência. Muitos vendedores me dizem: "Mas, Professor, o Sr. não está entendendo, o cliente ligou e disse que quando eu pudesse poderia atendê-lo, porque não tem pressa, porque a necessidade dele não é imediata".

Eu sempre respondo: "Pare e pense um pouco. Por que alguém ligaria para uma empresa pedindo o preço de algo que ele não quer comprar?".

Se a sua empresa for uma rádio e um cliente ligar perguntando quanto custa para veicular um anúncio, corra! Envie logo um orçamento junto com uns exemplos de *spots* para que ele não diga: "Eu quase esperei".

Informe o cliente, dispense atenção, seja rápido: "Estou ligando para avisá-lo de que pode vir buscar seu carro". E mesmo que a pessoa do outro lado da linha se espante, a surpreenda: "Estou avisando para que não tenha a sensação de esperar".

Imagine que você levou uma roupa para ajustar na mesma *boutique* onde a comprou. Não é importante que avisem que a roupa ficou pronta antes do combinado e ainda verifiquem se você quer que entregue em sua residência?

Essa discussão de encantar e surpreender os clientes está relacionada com a história do "quase esperei". Portanto, as empresas precisam agir, ir atrás do mercado, atrás do cliente, saber o que a concorrência está fazendo.

O maior problema é que empresas e vendedores estão muito acomodados. Enquanto isso, a concorrência está agindo, porque, se levar em consideração que a concorrência é cada vez maior e os clientes cada vez mais exigentes, qualquer falha pode vir a atrapalhar o relacionamento entre a empresa e o cliente.

Insisto em dizer: quando uma dona de casa liga para sua empresa que presta serviços e diz "Passe por aqui, meu fogão precisa de alguns ajustes. Ele está bom, mas é melhor dar uma olhadinha", vá verificar imediatamente. Ligue informando que irá no mesmo dia ou no dia seguinte e confirme a sua visita. Não dê chance para que a cliente "quase espere" a sua visita.

Quando alguém ligar na sua empresa e pedir que você retorne a ligação, faça-o assim que puder, o mais rápido possível.

Responda rápido ao seu cliente, para que ele saiba como agir, para que possa se planejar. Não diga que um produto irá chegar a tempo se você tem a certeza de que isso não será possível.

Por isso, afirmo que o cliente hoje é um rei: nem passa pela cabeça dele "quase esperar". Ele quer ser encantado, surpreendido, e se você não acredita que isso seja possível, olhe para um espelho. Você não quer ser encantado? Conclua que tipo de cliente você é; avalie, por exemplo, o seu grau de exigência com o mecânico quando seu carro precisa de reparos. Veja se você também não é como Luís XIV. Avalie como você age quando está em um restaurante, por exemplo, e o filé vem um pouquinho mal passado ou passado demais, diferente do que você pediu. Você não devolve? Você não é um rei absolutista? Seus clientes também.

VENDER NÃO BASTA.
É preciso fazer vendas sadias, que gerem caixa

TODOS NÓS SABEMOS QUE, para vencer, uma empresa precisa ter caixa. Sucesso, na verdade, é um fluxo de caixa positivo.

Há uma linha evolutiva das empresas e da inteligência empresarial. A empresa mais primitiva, ainda no primeiro estágio da evolução empresarial, é aquela que maximiza vendas, só pensa em vender, vender e vender. É a empresa que valoriza apenas a participação de mercado – *market share*.

Vender, teoricamente, é fácil. Basta baixar os preços. Experimente reduzir drasticamente o preço de um produto e você verá que as vendas aumentarão muito e sem nenhum esforço.

Se sua empresa é uma revendedora de automóveis, por exemplo, e em uma de suas decisões você decide vender um carro avaliado em dezoito mil reais por onze mil reais, com certeza no dia seguinte haverá fila em frente ao seu estabelecimento. Mas não se iluda. Se a sua venda não for uma venda sadia, com resultados, sua empresa não sobreviverá. Você não pode baixar o preço de seus produtos, indiscriminadamente, mesmo que essa atitude lhe rendesse o prêmio de melhor revendedor em número de vendas do mundo.

Existem empresas que evoluem um pouco mais e já fazem parte do segundo estágio dessa linha evolutiva: são as empresas que querem vender obtendo lucro.

Só que "lucro" é apenas uma escrituração contábil, uma linha em uma folha de papel chamada "balancete" ou "balanço" e sobre o que sua empresa pagará impostos.

Você não compra produto algum com "lucro". Não paga salários com "lucro". Não faz publicidade com "lucro".

Muitas empresas, inclusive algumas para as quais prestamos consultoria, convocam reuniões no final do ano para anunciar os resultados: "Tivemos um lucro de tanto", e então a presidência, os acionistas majoritários se felicitam e perguntam: "Com esse lucro todo, o que vamos comprar?" e geralmente recebem a seguinte resposta do contador: "Não, meus senhores, os senhores não entenderam. Esse resultado é o lucro. Esse lucro apareceu no balanço porque fizemos uma reavaliação do ativo etc., mas nossa empresa não tem caixa para que façamos ampliações ou compras...".

Em seguida, na linha evolutiva, se encontra o mais importante estágio na evolução empresarial: são as empresas que maximizam "caixa" e que têm "caixa", isto é, dinheiro real para investir, comprar, pagar salários etc.

É com caixa que você, empresário, comprará mais do seu fornecedor, terá melhores funcionários – porque poderá pagá-los sem atrasar salários –, fará publicidade para tornar seus produtos e/ou serviços conhecidos etc.

Somente as empresas que chegarem ao terceiro estágio conseguirão atingir o quarto estágio: comprar as empresas que estavam no primeiro estágio (vendas) e quebraram, faliram.

O grande problema da maioria das empresas é que os empresários, presidentes, diretores, vendedores ainda não entenderam isto: essas empresas vendem muito, mas não têm caixa. Onde está o caixa dessas empresas?

Geralmente, o caixa está em estoque ou em carteira de duplicatas, contas a receber, cheques pré-datados e outras formas de inadimplência. O caixa pode ainda estar em desperdícios, gastos desnecessários que a empresa faz e que não dão resultado para o seu caixa.

É simples de entender: ou o dinheiro está no estoque que a empresa não consegue vender e transformar em caixa para pagar seus compromissos, ou esse dinheiro na verdade está financiando vendas, ou seja, está nas mãos dos clientes que ainda não pagaram.

Portanto, o certo mesmo é o capital de giro das empresas estar no caixa e não em estoque e muito menos na mão de terceiros.

Por que o capital de giro deve estar no caixa? Porque é sempre muito mais fácil transformar dinheiro em produtos (estoque), ou seja, em mercadoria, do que mercadoria em dinheiro (caixa).

Quando você, empresário, tem caixa, compra o que quiser rapidamente e lhe entregam no local desejado, sem qualquer tipo de problema. Observe que, quando você é um desses clientes que pagam à vista e em dia, seus fornecedores jamais deixam de atendê-lo de forma preferencial.

Por isso, é sempre preferível dar descontos ao cliente a vender a prazo, financiando-o diretamente. Porque, quando a sua empresa concede descontos e recebe à vista, já pode contar com aquele dinheiro como parte integrante do seu caixa – você passa a ser o dono dele. Agora, se, ao contrário do desconto, você conceder prazo, poderá ter problemas para receber e transformar essa venda em caixa.

É comum ver empresas que, na ânsia de vender, acabam concedendo prazos a pessoas – mesmo sabendo que terão dificuldades em pagar ou têm problemas de crédito – e depois não conseguem receber ou recebem apenas parte da dívida.

Para obter todos os benefícios de uma boa política de caixa, mostre ao mercado que você tem caixa, porque assim as pessoas e as outras empresas passarão a respeitar você e sua empresa. Pague rigorosamente as contas em dia, ou, se preferir, de forma ainda mais inteligente, pague um dia antes do vencimento, para mostrar a seus fornecedores que sempre receberão sem problemas de você. Compreenda que você até pode deixar de ganhar os juros de uma aplicação daquele dia antecipado, mas ganhará no longo prazo, porque os fornecedores farão de tudo para tê-lo como cliente.

Mas, para fazer valer tudo o que eu disse sobre uma política de caixa, não se iluda. É preciso vender!

Para ter caixa, é claro que é imprescindível vender – uma vez que nenhuma empresa terá caixa se não vender. Mas lembre-se sempre de fazer vendas sadias, que tragam rentabilidade, que gerem caixa.

Muitas vezes você verá concorrentes vendendo muito, com preços baixos. Aí você terá de ter muita paciência e segurança para manter sua política de caixa. É provável que seu concorrente esteja vendendo com muito desconto porque está sem caixa e precisa pagar os salários ou outras contas. Não se desespere, pois, quanto mais seus concorrentes venderem com prejuízo e sem fazerem caixa, mais cedo terão dificuldades e poderão até falir.

Muitas empresas e empresários também não conseguem segurar sua vaidade e querem ser "campeões de vendas" e, para tanto, fazem verdadeiras loucuras, vendendo a qualquer preço.

Se você tiver paciência e segurança, verá que, enquanto algumas empresas estiverem lutando para ganhar o título de vendas do ano, o troféu de marketing do ano ou ainda um lugar nas capas de revistas, sua empresa estará forte, crescendo como uma árvore, com caixa, com rentabilidade, com respeitabilidade.

Quantos casos você certamente conhece de empresas que compraram outras porque tinham caixa, ou até mesmo pelo saldo da dívida que tinham?

Lembre-se: vender não basta. É preciso fazer vendas sadias, que gerem caixa. Vender e não receber não é vender.

ATENDIMENTO É TUDO!
Sorrir não basta!

DURANTE O PERÍODO QUE compreende os meses de setembro de 2006 a maio de 2009, os internautas que acessaram o *site* da Anthropos Consulting (www. anthropos.com.br) tiveram a oportunidade de responder à seguinte pergunta proposta: "O que você acha mais importante para uma empresa conquistar você como cliente¿".

De todas opções disponíveis, "atendimento excelente" foi a mais votada, com 47,5% dos votos, entre os 23.018 internautas. Em seguida, vieram "cumprir o que prometer" (35,6%), "qualidade do produto" (13,2%), "preço baixo" (2,8%), "ter marca(s) famosa(s)" (0,5%) e "fazer publicidade" (0,4%).

Se somarmos apenas os itens que tiveram mais de 10% dos votos, veremos que 96,3% dos votantes disseram querer "atendimento excelente", "cumprir o que prometer" e "qualidade do produto". Veja o gráfico na página seguinte.

Assim, fica claro que o cliente realmente deseja "atendimento excelente" e não apenas bom atendimento. Essa realidade tem sido constatada também por meio de uma série de outros estudos sobre os consumidores e o mercado.[1]

O que você acha mais importante para uma empresa conquistar você como cliente?

Atendimento excelente

10.929   47,5%

Cumpra o que prometer

8.197   35,6%

96,3%

Qualidade do produto

3.045   13,2%

Preço baixo

639   2,8%

Ter marca(s) famosa(s)

108   0,5%

Fazer publicidade

101   0,4%

Número de votos: 23.018
Primeiro voto: 11 de setembro de 2006 – 15:31
Último voto: 12 de maio de 2009 – 18:58

Disponível em: <http://www.anthropos.com.br>. *Acesso em:* 12 maio 2009.

Para verificar se a enquete acima era realmente fiel, fizemos uma outra enquete com a seguinte pergunta: "O que mais irrita você no relacionamento com uma empresa?". O resultado foi surpreendente. Veja o gráfico na página seguinte:

---

[1] Veja pesquisa do Instituto Brasileiro de Relações com o Cliente (IBRC) na revista *Consumidor Moderno*, n.º 76, de 3 de dezembro de 2003, Editora Padrão.

O que mais irrita você no relacionamento com uma empresa?

O mau atendimento – as pessoas são despreparadas para atender

3.032   41,4%

A mentira – não cumprir o que prometer

2.281   31,1%

A arrogância – as pessoas são arrogantes

859   11,7%

84,2%

A demora – não respeitar o meu tempo

477   6,5%

A falta de qualidade – os produtos e serviços são ruins

437   6%

A incoerência nos preços – há vários preços para clientes diferentes

241   3,3%

Número de votos: 7.327
Primeiro voto: 17 de junho de 2007 – 01:24
Último voto: 12 de maio de 2009 – 19:00

Disponível em: <http://www.anthropos.com.br>. *Acesso em:* 12 maio 2009.

O que mais irrita o cliente é "o mau atendimento – as pessoas são despreparadas para atender", com 41,4% dos votos. Em seguida, "a mentira – não cumprir o que prometer", com 31,1%. Em terceiro lugar, "a arrogância – as pessoas são arrogantes", com 11,7% dos votos. Somando-se essas três primeiras alternativas, teremos que 84,2% dos 7.327 votantes continuam afirmando que o que mais os irrita é o mau atendimento, a mentira e a arrogância – que obviamente gerará mau atendimento.

Assim, as duas enquetes nos levam à mesma conclusão: o que o consumidor realmente deseja é "atendimento excelente" e que "cumpram o que lhe prometer".

Com esse resultado, como antropólogo e pesquisador, me restava descobrir o que, afinal, as pessoas consideram "atendimento excelente". Fizemos outra enquete e perguntamos: "O que você considera 'atendimento excelente'?". Veja o gráfico a seguir:

O que você considera atendimento excelente?

Falar a verdade em qualquer circunstância

3.315 38,2%

Cumprir o que prometer

2.089 24,1%

83,1%

Ser ágil e rápido

930 10,7%

Fazer acompanhamento após a venda

813 10,1%

Acompanhar você durante o atendimento

712 8,2%

Falar olhando nos seus olhos

543 6,3%

Sorrir para você

211 2,4%

Número de votos: 8.673
Primeiro voto: 17 de junho de 2007 – 01:14
Último voto: 12 de maio de 2009 – 18:59

Disponível em: <http://www.anthropos.com.br>. *Acesso em:* 12 maio 2009.

Novamente, temos a confirmação, por 8.673 votantes, que "atendimento excelente" é "falar a verdade em qualquer circunstância", com 38,2%; "cumprir o que prometer", com 24,1%; "ser ágil e rápido", com 10,7%; "fazer acompanhamento após a venda", com 10,1%; "acompanhar você durante o atendimento", 8,2%; "falar olhando nos seus olhos", 6,3%; e, por último, com apenas 2,4% dos votos, "sorrir para você".

Note que "sorrir" não basta, e muitas empresas e pessoas confundem atendimento com sorriso. Há até treinamentos empresariais de atendimento que reforçam o sorriso como um dos mais importantes fatores no atendimento. Ora, é claro que prefiro alguém que me atenda sorrindo, mas é preciso entender que sorrir não basta. É preciso falar a verdade e cumprir o que prometer.

É importante ressaltar que "cumprir o que prometer" está presente nas três enquetes. E é igualmente importante notar que o cliente espera que a empresa cumpra o que promete até mesmo na publicidade.

Assim, para que o chamado "atendimento excelente" aconteça, não são necessárias ações muito dispendiosas ou investimento de milhões de reais. É preciso apenas oferecer sempre um bom atendimento, que, como vimos, significa falar a verdade e cumprir o que prometer.

Portanto, se você tem uma empresa ou é funcionário, não prometa aquilo que não poderá cumprir. Os consumidores podem até entender os problemas de entrega ou logística ou alguns imprevistos, mas não perdoarão uma promessa não cumprida.

Note que as enquetes deixam muito claro que o preço baixo não está entre os atributos mais escolhidos. Somente 2,6% disseram que o preço baixo é o que faz uma empresa os conquistar como clientes.

O mesmo acontece com a publicidade. Só 0,4% acredita que a publicidade, sozinha, conseguirá conquistá-lo e mantê-lo como cliente. A grande verdade é que, se a empresa não tiver atendimento excelente e não cumprir o que prometer, não deve fazer publicidade. A publicidade só tem valor para alavancar uma empresa que tenha atributos positivos no atendimento e cumpra o que promete e, obviamente, tenha produtos ou serviços de qualidade.

As empresas que têm marca(s) famosa(s) chamam a atenção de apenas 0,5% dos respondentes, ou seja, a ideia de que os consumidores só compram em determinadas empresas por terem marca(s) famosa(s) deve ser repensada.

Fizemos uma pesquisa com hóspedes de um hotel e os clientes disseram: "Professor, aqui todo o mundo é muito simpático, são muito cordiais e gentis, só que eles não fazem o que a gente pede, ou demoram para atender. Se o Sr. pede alguma coisa na recepção, costuma demorar meia hora, uma hora, aí você tem de ligar novamente cobrando e escuta as mesmas desculpas, as mesmas pessoas dizendo que isso não vai se repetir, só que você ainda continua esperando pelo que pediu".

Leia e releia com atenção essas enquetes. Existem muitas empresas que reformam as suas lojas, colocam ar-condicionado, fazem uma série de modificações estruturais e físicas, achando que com isso irão atrair mais clientes e melhorar o atendimento. Não se esqueça de que atendimento não se resume apenas a um local bonito ou confortável para os clientes, mas também a um conjunto de fatores, como falar a verdade, cumprir o que prometer, ser ágil e rápido.

Isso requer que tenhamos conosco gente excelente, bem treinada. Entenda que sorrir não basta!

Veja o que ocorre com boa parte das empresas ou profissionais de assistência técnica. Eles informam aos consumidores que "tal dia e tal horário" estarão em suas residências para prestar o serviço solicitado. O consumidor espera, desmarca outros compromissos e o profissional não aparece.

Lembre-se: quando comprou aquele produto, a empresa prometeu uma assistência técnica ágil, imediata etc. E depois?

A mesma coisa acontece com linhas telefônicas e cartões de crédito, operadoras de telefonia e bancos. No momento da compra, tudo é possível com grandes facilidades. Mas, se você desejar cancelar um serviço, verá que é quase impossível.

As empresas que terceirizam a assistência técnica devem se preocupar ainda mais em formar e treinar bem seus terceirizados, pois eles é que cumprirão as promessas feitas na hora da venda.

Conversando com funcionários de um *call center*, eles me disseram: "Professor, a empresa nos contratou e não nos deu nenhuma informação correta e, quando perguntamos, sempre nos mandam falar com Fulano, que passa para Sicrano, e os clientes continuam ligando e o que nós podemos resolver? Conclusão, o atendimento é classificado como ruim. Só que, na verdade, não são apenas os clientes que buscam informações. Para o senhor ter uma ideia, a empresa faz campanha publicitária e não nos avisa".

Esses e outros pequenos detalhes se transformam em grandes problemas quando vistos pelos olhos de um cliente. E como resposta a essa preocupação, as empresas sempre inovam, colocam aparelhos e produtos sofisticados em suas lojas, saunas holandesas em hotéis, *business centers*, *fitness centers*, mas o atendimento desde a recepção é lastimável. Pergunto: De que adianta tanta tecnologia se o atendimento continua ruim? Gasta-se muito dinheiro em projetos muitas vezes supérfluos, e não se investe no que é uma das maiores riquezas da empresa: o capital intelectual, o capital humano.

Veja outro exemplo de atendimento e perceba o que são esses detalhes de que venho falando.

Ligo em uma empresa e a atendente não sabe me responder quase nada sobre a empresa. Deixou-me com dúvidas ainda maiores do que as que eu tinha antes de ligar; não se preocupou em resolver o meu problema. Com certa indignação, ao vê-la desconhecer a própria empresa, disse-lhe: "A senhora parece não saber muito sobre a sua empresa", ao que ela respondeu: "Não, senhor, eu só trabalho aqui".

Quando relatei o acontecido para a direção da empresa, os diretores ficaram indignados e disseram que iriam substituir a funcionária imediatamente. O que eu disse a eles é que talvez o problema não fosse resolvido pela substituição sistemática de funcionários, mas sim na formação, no treinamento desses funcionários para que soubessem mais sobre a empresa.

Embora muitas pessoas ainda me digam que os clientes só querem preço, isso só acontece porque os consumidores veem o preço como único diferencial de valor percebido, uma vez que o atendimento, a qualidade de produtos/serviços etc. são iguais ou semelhantes entre concorrentes. Portanto, o consumidor, nesse caso, paga pela diferença que percebe como valor, optando, é óbvio, pela empresa que oferecer menor preço.

A realidade é que a maioria das empresas se preocupa mais com rentabilidade, lucro, margem, *markup* etc. e se esquece de que essa rentabilidade só acontecerá por meio de um atendimento excelente. O foco, portanto, está errado.

Fui visitar uma grande empresa. Chego à recepção e pergunto pelo nome do presidente, com quem iria falar, e a recepcionista olha para a outra funcionária do lado e questiona: "Essa pessoa trabalha aqui?". E a outra responde: "Nunca ouvi esse nome por aqui". Informei a elas que aquela pessoa era o presidente da empresa onde elas trabalhavam. Qual não foi minha surpresa quando uma delas disse: "O Sr. nos desculpe, somos novas aqui. Como pode perceber, somos de uma empresa terceirizada".

Perguntei se elas haviam sido treinadas e a resposta veio na forma de uma pergunta: "O senhor sabe o ramal dele?". E procuraram incansavelmente na lista de ramais e não encontraram – porque certamente o nome do presidente não estava ali, talvez por questões de "segurança".

Comentei com o próprio presidente o ocorrido, e ele me disse que aquela era a terceira empresa que haviam contratado para a recepção e que, pelo mau atendimento e pelas reclamações recebidas, já havia mandado cancelar o contrato também com esta última.

Agora, eu pergunto: Será que elas foram treinadas? Será que receberam as informações suficientes? Será que não é função da empresa contratante treinar os terceirizados no conhecimento da empresa? Será que a substituição de uma empresa por outra resolverá o problema de atendimento?

A realidade é que essas meninas terceirizadas são jogadas em uma recepção sem nenhuma informação relevante que possa fazer a diferença no atendimento. Elas são "adestradas" no preenchimento do crachá. É dada a elas a relação dos ramais. E o que mais? Quase nada!

O atendimento excelente não ocorre sem que haja um sério comprometimento da empresa. E esse comprometimento não se refere apenas a equipamentos e manuais.

PADRÕES CLAROS
e definidos evitam injustiças

UM DOS MAIORES PROBLEMAS que encontramos na relação entre chefes e subordinados é que os subordinados não sabem *exatamente* o que os chefes desejam. Muitas vezes os subordinados são entulhados de orientações, ordens, exemplos confusos e às vezes contraditórios do que os chefes dizem querer. Sem um parâmetro claro para o seu comportamento, os subordinados fazem tentativas de acertar e quase sempre erram. O que mais confunde é quando o subordinado uma hora é elogiado e outra hora é punido por uma mesma coisa que tenha feito. Em um dos vários casos que analisamos, o funcionário foi punido por *ter dado desconto* a um cliente e igualmente punido por *não ter dado desconto* a outro cliente, em um mesmo produto. A alegação do chefe foi a de que o segundo cliente era amigo do patrão e o primeiro não. Como um subordinado pode saber das amizades de seu patrão?

Quando os padrões, as normas e as exceções não são esclarecidos e definidos, encontramos na empresa um sentimento de injustiça em quase todos os níveis e processos.

Assim, para evitar que essa confusão se instale, é preciso estabelecer padrões e fazer com que eles sejam cumpridos. Quando houver possibilidade de exceções, é preciso que elas tenham um tratamento definido e, novamente, seguido. Portanto, até para as exceções é preciso um padrão.

Após o estabelecimento dos padrões, normas e procedimentos para todos os processos essenciais da empresa, é preciso difundi-los entre os colaboradores. E, após essa fase de divulgação e conhecimento, é imperioso *exigir o cumprimento dos padrões, normas e procedimentos*. A empresa que não exige o fiel cumprimento de seus padrões e não pune exemplarmente os que não cumprirem fica desmoralizada perante seus colaboradores. Infelizmente, essa é a triste realidade de grande parte das empresas.

Faça uma análise dos processos essenciais de sua empresa e crie padrões, normas e procedimentos simples para cada um deles. Você verá que muitas injustiças serão evitadas e muitos problemas, resolvidos.

DEZ EXEMPLOS
de excelência
no atendimento

RELACIONEI AQUI DEZ EXEMPLOS de atendimento excelente que presenciei durante meus trabalhos de consultoria. Gostaria que você pensasse em cada um deles e concluísse sobre o valor da diferença que esses atendimentos excelentes representam para os clientes.

UM HOTEL DIFERENTE

Chego, cansado de viagem, à recepção de um hotel. Quando vou preencher a ficha de entrada, o funcionário da recepção me diz:

— Meu senhor, imagino que deva estar cansado. Preencha em seu apartamento e em seguida peço para algum funcionário retirar.

Logo em seguida, ainda na recepção, chega um garçom, que me oferece uma água de coco e um café, dizendo:

— O senhor deseja um café ou uma água de coco? Imagino que tenha acabado de chegar de viagem.

Ainda surpreso, entro no apartamento do hotel e o telefone toca:

— Bem-vindo, Sr. Marins. Meu nome é Helenice, sou a telefonista, e qualquer coisa de que precise disque zero. O senhor deseja ser acordado amanhã a que horas? Eu não pretendo mais interromper o descanso do senhor e por esse motivo estou ligando agora.

No dia seguinte, novamente para minha surpresa, no horário combinado, o telefone toca:

— Sr. Marins, são sete horas da manhã. A temperatura é de vinte e dois graus e está chovendo. Mas não se preocupe, em seu guarda-roupa há um guarda-chuva para o seu uso como cortesia do hotel.

Veja, a seguir, outro exemplo de atendimento excelente em hotel.

Por ser uma pessoa conhecida, os hotéis em que me hospedo fazem a cortesia de mandar uma cesta de frutas ao apartamento. Mas em um pequeno hotel do interior a cortesia foi especial. Ao entrar no apartamento, sobre a mesa de centro, vejo uma tábua de queijos e um pequeno livro sobre cavalos – e não uma cesta de frutas, como normalmente todos os hotéis fazem. Surpreso, liguei para minha secretária e perguntei como havia sido feita a reserva. Ela respondeu que a moça da reserva perguntou o que eu mais gostava de comer além de frutas e se eu tinha algum *hobby*. Minha secretária respondeu que eu gostava muito de queijo. E o *hobby* que ela lembrava era andar a cavalo, pois uma de nossas empresas é a Universidade do Cavalo.

Junto com os queijos e o pequeno livro havia um cartão assinado pela gerência do hotel: "Professor Marins, esperamos que os queijos e os cavalos façam da sua estada conosco uma estada inesquecível".

O que eu quero chamar a atenção com esses dois exemplos é que esse atendimento excelente fez com que eu jamais me esquecesse desses dois hotéis e que voltasse a eles inúmeras vezes. Por meio do atendimento excelente, esses hotéis fizeram a venda antecipada de dezenas de futuras estadas.

UM RESTAURANTE QUE TRATA CADA CLIENTE DE FORMA PERSONALIZADA

Chego ao restaurante e sou recebido pelo *maître*.

— Bem-vindo, Professor! Por aqui, por favor; a mesa de que o senhor gosta já está reservada, mas, se desejar outra, por favor, sinta-se à vontade para escolher.

Sempre fiquei impressionado com o atendimento desse restaurante. Como sou muito conhecido, sempre pensei que o atendimento cuidadoso fosse um privilégio meu. Descobri que não é. Todos os clientes são recebidos de maneira exemplar e personalizada. Quando fui saber o segredo de tanta capacidade, o proprietário me informou que havia contratado um professor de "dicas de memorização" para seus garçons e *maîtres*. Daí todos saberem como se lembrar do nome dos clientes, mesmo que não sejam muito habituais.

Outra dica desse restaurante é que o proprietário descobriu que uma pessoa-chave é o manobrista dos carros dos clientes. Repare que o manobrista é o primeiro funcionário do restaurante a ter contato com o cliente. Se ele for um dos mais antigos e melhores colaboradores do restaurante, com certeza terá condições de conhecer melhor os clientes. O manobrista tem um rádio comunicador permanente em seu ouvido. Ao ver o cliente chegar, ele já avisa o *maître* dentro do restaurante sobre a chegada de um cliente conhecido ou novo. Quando ele não conhece ou não se lembra de determinada pessoa, ele pergunta se é a primeira vez que está "nos visitando", informando o *maître* da recepção via rádio.

LOJA

Entro na loja e um funcionário na porta me recepciona:

— Seja bem- vindo! Entre, por favor, fique à vontade. Caso precise de alguma coisa, nossos vendedores irão atendê-lo.

O que mais me chama a atenção é que aquele funcionário não está vendendo, e você deve estar se perguntando: O que ele fazia ali então?

Aquele era um funcionário que estava na entrada da loja apenas para desejar as boas-vindas aos clientes, para que estes já notassem o atendimento diferenciado desde a entrada. A sua função era de "acolhimento", como me disse o proprietário da loja.

Outro exemplo de atendimento em lojas é quando o vendedor apenas se aproxima de você, se apresenta e diz que está a sua disposição:

— Qualquer dúvida, estou à disposição; caso precise, é só me chamar, mas fique à vontade.

Ele não fica a seu lado o tempo todo. Ele dá liberdade a você, mas ao mesmo tempo está sempre com a atenção voltada para alguma necessidade que você tenha.

REVENDA DE AUTOMÓVEIS

Chego a uma revenda de automóveis e vou ver um carro que está no *show-room*. De repente sou abordado por um rapaz com uma câmara digital nas mãos:

— O Sr. quer ficar do lado do veículo para que eu possa tirar uma foto para o Sr. levar?

Assustado, pergunto:

— Como assim?

E, solenemente, ele me responde:

— O Sr. fica do lado do carro e eu tiro uma foto, imprimo imediatamente e o Sr. leva como lembrança de sua visita à nossa revenda.

Fiquei ao lado do carro que estava vendo, ele tirou a fotografia, imprimiu na impressora colorida imediatamente e me entregou, dizendo:

— Leve para sua casa.

Ao chegar em casa e falar para minha família do carro que tinha visto, não tive de descrevê-lo: apenas mostrei a foto. E meu filho, ainda pequeno, pegou-a de minhas mãos e levou até o vizinho, dizendo: "Olha o carro que o meu pai comprou". Por meio de uma simples foto, metade da venda foi feita!

Outro exemplo de revenda: chego à oficina da revenda para buscar meu carro que estava em revisão e todos me chamam pelo nome. Observo que, quando o veículo é entregue ao proprietário, eles já sabem a frequência das visitas, ou seja, se era a primeira vez, se ia várias vezes ou raramente à oficina.

Fiquei surpreso ao ver como eles obtinham essa informação e descobri que, nessa revenda, eles colavam um selinho colorido atrás do espelho retrovisor interno. Um selinho verde para os carros que estavam sempre lá, clientes habituais; amarelo para os que já fazia algum tempo que não iam e vermelho para os que estavam indo pela primeira vez.

Com essa informação, todos os funcionários que conversavam com os clientes sabiam como abordá-los: "Olha, para o Sr. que já é nosso cliente..." (porque o selinho era verde). "Puxa... faz tempo que não o vemos por aqui..." (porque o selinho era amarelo). "É a primeira vez que o Sr. está conosco?" (porque o selinho era vermelho).

Todos os funcionários tratavam o cliente pelo nome porque eles colavam um pequeno adesivo com o nome do cliente num local específico do veículo; assim, quando você vai buscar o seu carro que tinha passado por uma revisão, desde o primeiro funcionário até o último o tratam pelo nome. Perguntei como faziam e eles me disseram que os funcionários são treinados a passar por aquele local onde está o adesivo com o nome e lê-lo antes de falar com o cliente. Antes da entrega do veículo, o recepcionista da oficina é orientado a retirar o adesivo com o nome, sem que o proprietário perceba.

5 TINTURARIA

Levo meu terno ao tintureiro e quando vou buscá-lo ele não o encontra. Informa que o terno havia sido entregue a outro cliente, por engano, e, pedindo desculpas, me pede o valor do terno para que eu fosse indenizado imediatamente.

Digo ao tintureiro para não se preocupar porque não vou precisar dele para os próximos dias e, com certeza, quem o levou por engano o devolverá em algum momento. Ele insiste e diz que faz questão de pagar. Respondo que, como não vou usar o terno, esperaria uma semana para que, quem sabe, a pessoa que o levou devolvesse.

Um dia antes de completar uma semana, em um sábado, o tintureiro aparece em minha casa dizendo:

— Sr. Marins, nós não encontramos o seu terno e eu queria saber o valor para indenizá-lo.

Após a insistência, aceitei o valor que ele considerou ser o preço do terno. Então, ele preencheu o cheque e me entregou. Porém, junto com o cheque, ele também me deu dois convites para jantar em um dos melhores restaurantes da região. Eu, então, questionei:

— O Sr. já me pagou pelo terno, por que os convites para um jantar em um restaurante tão caro?

E ele me respondeu:

— O cheque é para pagar o terno e o jantar é para que o Sr. e sua esposa possam nos perdoar e para que continuem sendo nossos clientes.

Não preciso dizer que continuei cliente da tinturaria que perdeu o meu terno!

6 COMPANHIA AÉREA

Um dia, eu estava já sentado em um avião comercial quando o último passageiro entrou, foi até o final da cabine e verificou que todos os lugares já haviam sido ocupados. A comissária-chefe, ao perceber que o cliente não havia encontrado um assento vago e que, portanto, o voo tinha praticado *overbooking*, aproximou-se e perguntou ao cliente se ele se importaria em ir na cabine com o comandante, ou, caso ele não aceitasse, ela tentaria outro passageiro que desejasse ir na cabine de comando para fazer a troca de lugar.

O passageiro aceitou na hora. Nesse momento, a funcionária da companhia aérea o informa de que o valor daquele bilhete da viagem São Paulo-Rio de Janeiro seria restituído e explica que aquele incidente era resultado de um *overbooking* ocasional, mas que ele não precisaria se preocupar porque iria na cabine com o comandante, mas não precisaria pagar pela viagem.

E o cliente ficou irritado? Não! Ele não pagou a passagem e foi na cabine com o comandante, ou seja, um problema se transformou em uma alegria. Quando ele entrou no avião e imaginou que teria um enorme problema ao ver que não havia um lugar vago, o seu problema logo foi resolvido e ele ainda saiu dizendo que teve sorte em não ter lugar naquele voo.

7 EMPRESÁRIOS EM GERAL

Em bons restaurantes, os donos, e mesmo os *chefs*, vão de mesa em mesa agradecer a sua presença. Você vai a uma loja e quando vê o dono se aproximar e agradecer a sua presença, indicando a gerente ou uma vendedora para que lhe atendam, não tem como não ficar encantado.

Há empresários, portanto, que dão, pessoalmente, o exemplo de atendimento excelente.

8 HOSPITAL

Estive internado em um hospital e me surpreendi com o atendimento. Esse hospital tinha um café, uma floricultura, uma livraria e, pasme, um piano de cauda nessa praça interna com um músico tocando todas as tardes. Mais parecia um local de *happy hour* do que um hospital.

Todos os funcionários deram um exemplo de atendimento excelente. Confesso que nem parecia que eu estava em um hospital, era como se estivesse em um hotel.

Todos estavam preocupados em atender bem e essa era a diferença.

Você não vai a um hospital por um desejo de se internar. Você não vai a um hospital para passear. Você vai a um hospital porque realmente necessita e nesse momento o atendimento faz a diferença. E essa diferença está nas pessoas que ali estão, dispostas a ajudar com alegria nos olhos.

BANCA DE FRUTAS E VERDURAS

Não poderia deixar de citar o atendimento dos proprietários e funcionários de uma banca do Mercado Municipal de Sorocaba. Eles escolhem as melhores frutas, as melhores verduras, têm um atendimento perfeito, tudo com amor. E você não precisa estar presente para saber que receberá em sua casa os melhores produtos: eles escolhem as frutas e as verduras e entregam em sua residência, com a mesma dedicação de sempre.

Quantas bancas há no Mercado? E o que me fez escolher aquela para minha fornecedora, há anos? Sem dúvida é o atendimento excelente!

TELEMARKETING

Muitas pessoas elogiam o setor de *telemarketing* de uma de nossas empresas. "Elas não são chatas", dizem os clientes. Por quê? Porque as funcionárias são bem treinadas, falam com você querendo realmente ajudar você e a sua empresa a escolher o melhor produto. Elas ligam, apenas, quando você indica para que liguem. São simpáticas e não são "espaçosas", respeitam a sua liberdade de escolha e opinião. O treinamento e a formação são diários. As melhores práticas são discutidas. Cada operadora tem seus clientes fidelizados com quem conversa e com isso tem mais conhecimento sobre as necessidades, aspirações etc. de cada cliente. Não é por acaso! Muita gente nos pergunta onde conseguimos recrutar e selecionar pessoas tão boas. Nossa rotatividade de pessoal é a mais baixa de todos os *telemarketings*. Qual é a razão? Novamente, formação, treinamento, respeito, valorização das pessoas. Não há milagre quando se quer conseguir atendimento excelente.

ONZE POSTULADOS
básicos sobre administração, marketing e vendas

UMA DAS COISAS QUE sempre me chamaram a atenção é que os maiores gurus mundiais de administração, marketing e vendas, como Philip Kotler, Tom Peters, Martha Rogers, Peter Drucker, Ram Charan, Prahalad e muitos outros, sempre nos dão lições muito simples, às vezes óbvias, sobre como vencer em mercados competitivos.

Veja, a seguir, alguns postulados básicos que fazem o sucesso de uma empresa e que sempre repetimos em nossas aulas e palestras.

POSTULADO 1

Tenha em sua empresa somente os melhores. Contrate sempre pessoas melhores que você.

Na verdade, o que faz o sucesso de uma empresa é o seu capital humano. Tecnologia, a empresa pode adquirir de várias formas. Recursos financeiros podem ser obtidos, mas gente excelente, tem de ser formada. Não é fácil encontrar gente excelente e a empresa moderna, que enfrenta muita concorrência, não pode se dar ao luxo de ser complacente com pessoas que não sejam excelentes.

Um dos maiores problemas da empresa é que muitos empresários e mesmo executivos procuram contratar pessoas que sejam "obedientes" e "dóceis" e não pessoas criativas, inovadoras e, portanto, inquietas e às vezes mais exigentes de motivação. Contratar pessoas melhores do que nós exige um grande esforço de humildade e de reconhecimento de nossas próprias limitações.

É uma ilusão conseguir vencer os desafios do mercado com pessoas "mais ou menos". Ou temos gente excelente em nossa empresa ou teremos a insatisfação de nossos clientes como característica e, portanto, o fracasso.

POSTULADO 2

Estude e conheça cada um dos seus clientes e relacione-se bem com eles.

Como este livro está advogando, é preciso conhecer cada um dos clientes com profundidade. Estamos realmente na era do *one-to-one* marketing. Com o aumento do número de concorrentes, os clientes se tornaram cada vez mais exigentes e não aceitam com facilidade um produto ou serviço ao qual tenham de se adaptar. O cliente hoje quer um produto ou serviço que seja *tailor made*, ou seja, como um trabalho de alfaiate, especial, customizado. Assim, a empresa deve usar todos os recursos disponíveis para estudar cada um de seus clientes.

O estudo dos clientes servirá para que cada departamento de sua empresa tenha um bom relacionamento com os departamentos correlatos da empresa-cliente ou *prospect*.

POSTULADO 3

Seja simples em tudo.

Há uma tendência em associar tecnologia a algo complexo, mas, no entanto, ela surgiu para deixar tudo mais simples. A tecnologia não existe para complicar e sim, para simplificar. Assim, a empresa deve fazer uso dos mais modernos recursos da tecnologia para que possa ser simples e ágil.

A simplicidade é a base do sucesso da empresa e dos profissionais. Pessoas complicadas não vencem. Quanto mais complexa a vida e o mundo, mais simples devemos ser para que possamos enfrentar a complexidade com a necessária velocidade. Portanto, seja simples em tudo.

POSTULADO 4

Faça o seu cliente ganhar tempo.

A maior parte de toda a irritação que sentimos refere-se a tempo: é o carro da frente que não anda, o sinaleiro que não abre, a conta do restaurante que não chega à mesa etc.

Portanto, faça o seu cliente ganhar com a sua empresa aquilo que nenhum dinheiro pode comprar: tempo.

POSTULADO 5

Observe atenta e continuamente o comportamento dos clientes.

Pesquisar o comportamento dos consumidores é uma das coisas mais importantes e uma das maneiras mais diretas de descobrir quais são as suas necessidades e de que forma esses mesmos consumidores pretendem solucioná-las.

Observe os seus clientes: veja como eles tratam o produto, quantas unidades costumam levar, com que frequência costumam comprar etc.

Se você não observar o comportamento dos clientes, não será capaz de compreender a evolução do comportamento humano.

POSTULADO 6

Não basta satisfazer os clientes. É preciso encantá-los.

Na verdade, satisfazer não é difícil: os clientes dizem o que querem e você, como empresa, diz se pode atender ou não (dentro da sua linha de produtos/serviços, limite de descontos etc.).

É preciso surpreender, encantar, fazer o que os clientes não esperam. A satisfação de clientes, segundo os "gurus", é coisa dos anos 60 e 70. Você tem de se comprometer com o sucesso do cliente, surpreendendo-o, encantando-o.

POSTULADO 7

Tenha foco: sem foco, nenhuma empresa vencerá no século XXI.

Foco é fundamental. O que "mata" uma empresa não é a falta de missão, porque a missão todos sabem qual é (dar retorno aos acionistas, oferecer produtos/serviços de qualidade, respeitar o meio ambiente e os colaboradores etc.), mas sim a indefinição ou inexistência do foco.

Responda a estas perguntas a si mesmo regularmente: Qual é o meu mercado? Quem são os meus clientes? Quem são os meus fornecedores? Onde quero que minha empresa esteja daqui a dois anos?

POSTULADO 8

Tenha uma política de caixa: o que conta em uma empresa é a sua capacidade de gerar caixa.

Não adianta a sua empresa vender muito e gerar lucro se ela não tiver caixa. É com o dinheiro em caixa que se realizam compras, são pagos os salários e se faz propaganda. Quem não tem caixa, em termos empresariais, está morto.

POSTULADO 9

Cuide bem da sua marca.

Já diziam os "gurus" que a marca seria o grande capital das empresas no século XXI. Isso porque a marca é que faz a diferença. Mas o que é *marca*?

De forma prática, pode-se dizer que "eu" (empresa) marco o meu boi (produto/serviço) para que o comprador de bois (consumidor dos produtos/serviços) possa olhar a boiada e reconhecê-lo.

Entenda que, se a sua empresa não tiver uma diferença muito significativa e que seja sinônimo de valor para os clientes – e que também por isso estes se dispõem a pagar um preço diferenciado, muitas vezes até superior ao dos concorrentes –, ela pode até sobreviver, mas certamente em pouco tempo enfrentará uma "guerra de preços", que culminará no famoso "leilão de preços".

Se a empresa não tiver um diferencial, neste caso em relação à marca, terá de "vender" preço e prazo.

POSTULADO 10

Faça ações de relações públicas.

Acredite! Atualmente, esse tipo de ação vale muito mais que algumas ações de publicidade tradicionais.

É a importância de se ter respeito e reconhecimento. Respeitabilidade e ética são fundamentais e ser reconhecido por esses determinantes é consequência.

POSTULADO 11

Tenha dados e informações sobre tudo: clientes, mercado, concorrência, mas, acima de tudo, coloque inteligência nesses dados, analise-os e faça disso uma ferramenta.

O grande e único produto daqui para a frente será a informação. A empresa terá plena capacidade de vender para os consumidores se souber o que eles querem, como querem, da maneira como querem e da forma como podem pagar.

A venda é, na verdade, produto da informação. Agora, não adianta a sua empresa ter as informações sobre o mercado e os consumidores se não souber avaliar essas informações e, ainda, se não colocar inteligência nesses dados e os utilizar como uma importante ferramenta gerencial.

Muitas empresas que conheço possuem um grande número de informações, mas, por não as utilizarem de forma inteligente e estratégica ou simplesmente por inutilizá-las, já não servem mais para nada.

OS FORMULÁRIOS
para o *Projeto Cliente*

A SEGUIR, VOCÊ ENCONTRARÁ o conjunto de formulários para que possa fazer o **Projeto Cliente** e, como procurei reforçar neste livro, começar a realmente *estudar clientes* com a seriedade que o mercado competitivo em que vivemos exige.

Você deve adaptar este projeto a sua realidade. Lembre-se de que não há duas empresas iguais, dois clientes iguais, duas realidades iguais. Assim, adapte as perguntas do diagnóstico e dos objetivos e metas a sua realidade. Não se esqueça de que o **Projeto Cliente** é uma metodologia para estudar os seus clientes atuais e *prospects* (futuros).

Leia com atenção cada tópico, cada página.

A ideia, repito, é que você discuta com seu pessoal cada cliente e possa vencer os desafios do mercado.

PROJETO CLIENTE

Escolha seus clientes principais. Por exemplo, os 20% dos clientes que representam 80% de suas vendas ou de seu faturamento.

Sozinho ou – de preferência – com seu pessoal, faça este **Projeto Cliente**, preenchendo todos os formulários.

Este projeto servirá para você e seu pessoal pensarem mais profundamente sobre seu cliente para poder encantá-lo, surpreendê-lo e – mais que isso – *comprometer-se com o sucesso dele,* tornando-o um cliente fiel, isto é, fidelizado à sua empresa, à sua marca.

Preencha com atenção cada item deste projeto. Não tenha pressa. Pense, discuta, procure as informações que não possui sobre seu cliente, seus gostos, suas preferências, seus amigos, seus *hobbies* etc. Tome também todo o tempo necessário para definir os passos do projeto, quem serão os responsáveis e os prazos.

Se você fizer este projeto com atenção e dedicação, você terá um ganho excepcional em sua empresa, com seus clientes.

Bom projeto!

Projeto Cliente

Nome do cliente

Endereço

Nome dos proprietários

Principais características do cliente

Nome do vendedor

Nome do supervisor

Nome do gerente

_____   _____/_____/_____
Assinatura do responsável   Data

DIAGNÓSTICO/JUSTIFICATIVA

Faça um completo diagnóstico da situação do seu cliente e dos motivos pelos quais este projeto foi priorizado e está sendo realizado: Quem é o seu cliente? Como ele é? Quem influencia as suas decisões? Ele pertence a alguma associação, clube etc.? Para que time torce? Quais são seus *hobbies* e o que ele faz no tempo livre? Quanto ele compra de mim? Desde quando é meu cliente? Como é o passado dele como cliente em minha empresa? De quem ele compra além de mim?

Dedique tempo e inteligência ao diagnóstico. Quanto mais detalhado e preciso, mais fácil será a definição dos próximos passos.

OBJETIVOS E METAS

Escreva quais os seus objetivos e metas com este cliente. O que você realmente quer dele? Quanto quer vender (meta quantitativa)? O que quer ter nesse cliente em termos de produtos, serviços, *merchandising*? Que produtos quer que ele compre mais de você e de sua empresa? Como você quer que seja o seu relacionamento com ele? etc.

Faça objetivos comportamentais que possam ser medidos e observados. Projetos mal definidos não têm execução garantida.

METODOLOGIA/ESTRATÉGIA

Escreva como você vai atingir seus objetivos. Quais "passos" você vai dar para atingir cada um dos objetivos e metas que colocou para esse cliente? Quem será o responsável por cada "passo"? Quando essa ação estará concluída? Coloque tudo em termos comportamentais, isto é, de forma que possa realmente ser avaliado. Use somente verbos de ação que possam ser medidos e comprovados.

Esta é a parte mais importante.
Definir claramente os passos garantirá
a execução do projeto.

Projeto Cliente

AÇÃO	RESPONSÁVEL	PRAZO

4 CRONOGRAMA

Faça um cronograma com base nos passos do item anterior. Este cronograma deve ser semanal ou mensal, de acordo com a duração do projeto.

AÇÃO/MÊS	JUL.	AGO.	SET.	OUT.	NOV.
Passo 1 (descrever)					
Passo 2 (descrever)					
Passo 3 (descrever)					

5 RECURSOS DE TRABALHO

Descreva nesta fase todos os recursos de trabalho e suas fontes de financiamento para verificar se você realmente tem a capacidade de realização do projeto. Analise os:

- recursos humanos necessários;
- recursos materiais envolvidos (máquinas, equipamentos etc.).

6 RECURSOS FINANCEIROS E FONTES DE FINANCIAMENTO

Descreva os recursos financeiros e suas fontes de financiamento para verificar se você realmente tem a capacidade de realização do projeto. Se a sua empresa tiver orçamento em rubricas de despesas separadas, coloque em rubricas. Exemplo:

ITEM	VALOR	ORIGEM

Analise o *breakeven point* (quando o projeto começará a se pagar) e o *payback* (quando todos os investimentos feitos serão ressarcidos a sua empresa). Importante: não proponha projetos irrealizáveis por falta de financiamento.

7 CRITÉRIOS DE AVALIAÇÃO

Defina como você avaliará o projeto, como saberá se ele atingiu ou não os objetivos propostos e como fará as correções de rumo necessárias durante sua execução.